性愛空間の文化史

「連れ込み宿」から「ラブホ」まで

金益見［著］

ミネルヴァ書房

はじめに

ラブホテルの定義

まず、次に掲げる言葉を見ていただこう。

温泉マーク旅館、アベック旅館、ご休憩旅館、連れ込み旅館、簡易ホテル、同伴ホテル、連れ込みホテル、連込みホテル、連れ込み宿、連込み宿、モーテル、モテル、ＭＯＴＥＬ、ＬＯＶＥ ＭＯＴＥＬ、ＭＯＴＥＬＳ、異色モーテル、アベック・ホテル、アベックホテル、ラブホテル、ラブ・ホテル、ラヴ・ホテル、ＬＯＶＥ ＨＯＴＥＬ、異色ラブホテル、ＬＯＶＥ ＰＬＡＹ ＨＯＴＥＬ、ＬＯＶＥホテル、ラブ・テク・ホテル、愛のホテル、異色ホテル、プレイホテル、プレイ・ホテル、カップルズホテル、レジャー・ホテル、レジャーホテル、ファッションホテル、ブティックホテル、ファッションラブホテル、ファッション・ホテル、ＦＡＳＨＩＯＮ ＨＯＴＥＬＳ、ＬＯＶＥファッションホテル、ブティック・ホテル、Ｂ（ブティック）ホテル、アミューズメント・ホテル、アミューズメントホテル、アミューズメントＨホテル、Ｈホテル、ＳＭホテル、♡ホテル、ラブホこれらは、一九五一年から現在にかけて雑誌に登場した主に男女のカップルが休憩・宿泊する施設を指す呼称である。これほどまでに時代によって呼び名が変わる施設も珍しいのではないだろうか。

現在、日本にはラブホテルと呼ばれている施設がある。ラブホテルとは、宿泊もできる貸間産業の一つであり、おもにカップルが利用するための密室空間を提供している施設である。しかし、カップルが利用するための貸間が、ずっとラブホテルという名称だったわけではない。日本人の性意識の変化や、外観やサービスの変化に並行しながら、カップルのための貸間の名称は変わっていった。姿、形は変わっても同じシステムや機能を持ったカップルのための密室空間が、なぜ時代によって、受け入れられ方や認識が違ってきたのであろうか。

本書では、これらの貸間産業をラブホテルと表記する。ここでのラブホテルは、政令で定められている「風俗営業等の規制及び業務の適正化等に関する法律（風営法）」においての定義ではなく、「一定時間をひとつの単位として場所を切り売るセックスもできる宿泊可能施設」をその定義としたい。現在は登録上旅館業法で営業していても、事実上ラブホテルという施設も少なくない。ここではそれらもラブホテルに含めて考えていきたい。

先行研究

ラブホテルに関する文化史的研究はさほど多くない。

先駆けとなったのは、ラブホテル専門の取材記者をしていた保田一章氏がまとめた『ラブホテル学入門』（晩声社、一九八三年）である。

その後書かれた『ラブホテルの文化誌』（花田一彦著、現代書館、一九九六年）は、エロティシズムについての考察が主であり、ラブホテルに関しては保田氏のルポルタージュをもとにしている。

拙著は、井上章一氏の『愛の空間』（角川書店、一九九九年）に負うところが大きい。『愛の空間』は、野外から屋内へ向かっていった男女が愛し合う場所の変遷を探る性愛空間の建築史であり、そこでのラブホテルはセックスを行うための空間とされている。『愛の空間』が出版された一九九九年以降のラブホテルは「セックスをするための場所」ではなく「セックスもできる場所」に変化した。拙著では、二〇〇〇年に入って急激に変化した現代のラブホテルにも焦点を当てたい。

ラブホテル関係者のインタビューは、『ファッションホテル夢空間——名商・巨匠の物語』（双葉社スーパームック、一九九九年）に一番多く掲載されている。写真資料も多く、業界の総括ともいえるムック本であるが、業界で成功した経営者のインタビューがほとんどで、ラブホテルを肯定的にとらえた内容が中心になっている。

その後出版された『ラブホテルの力——現代日本のセクシュアリティ』（鈴木由加里著、廣済堂出版、二〇〇二年）は、ラブホテルが日本のセクシャリティにどう関わってくるのかということがテーマである。ここでは、ラブホテルそのものというよりラブホテルが時代を反映し、利用者のセクシュアリティを規定する力を持っていることに焦点があてられている。

その他、経営者や関係者が書いた『変貌する欲望空間　Love hotel revolution』（加藤友康著、鹿砦社、一九九五年）、『ラブホテル経営戦略』（山内和美著、週刊住宅新聞社、二〇〇九年）、『ラブホテル一代記』（小山立雄著、イースト・プレス、二〇一〇年）などがあるが、これらは文化史というより、ラブホテルを経営していくうえでのノウハウが中心である。しかし、各人の出自については参考になる部分が多く、それらは本文で紹介したい。

なお、風営法改正が及ぼした影響や経営者の出目については、拙著の『ラブホテル進化論』（文藝春秋、二〇〇八年）に詳しい。本書は、関係者への取材を新たに付け足し、『ラブホテル進化論』ではあまり触れなかった呼称の変遷と日本式モーテルの成り立ちを考察する。

目的と方法

本書は、関係者への聞き取りと、広告の変遷をもとに、ラブホという呼称が生まれるまでのラブホテルの変遷を明らかにすることを目的とする。

ラブホテルに関する先行研究は多くなく、それらは関係者への聞き取りと、近代日本の自伝や小説、週刊誌に基づいて調査している。本書はそれらに加えて、週刊誌の広告、スポーツ新聞や地方新聞の広告から貸間産業の変遷を調査する。広告には、その時必要とされていた情報、またはホテル側がアピールしたかったことが顕著に表れている。

また関係者へのインタビューは、インタビューの最中だけでなく、食事中や移動中の話も含まれる。成功談や武勇伝以外の話はふとした時に聞けたものの、そうすると実名の掲載許可が下りず、仮名希望が多くなってしまった。

本書の構成

ここで本書の構成について紹介しておこう。序章「ラブホテルのルーツ」は、ラブホテルのルーツである出合茶屋、待合、船宿、円宿について、先行研究や、当時の様子が書かれた新聞記事などをもとにまとめる。

第一章の「連れ込み旅館の成り立ち」では、「連れ込み」という言葉の成り立ちと変遷を探る。「連れ込み」という言葉が「待合」と同じように使われていたということを小説から引用し、「連れ込み旅館」という呼称が生まれた経緯を明らかにする。また、普通の旅館が「連れ込み専門」の旅館へと変化していく流れを、鶯谷と渋谷のホテル街の成り立ちから考察する。第2節では、当時混在していた「普通の旅館」と「連れ込み」を見分ける目印として存在していた「温泉マーク」に焦点を当てる。「温泉マーク」が「連れ込み」を現すマークとして定着し、消えていくまでの移り変わりと、それらが広告にどう使われていたのかを示したい。

第二章の「モーテル（モテル）の誕生と衰退」は、一九五七年頃から日本で見かけられるようになったモーテルに着目する。アメリカで生まれたモーテルの発祥と、日本独特のモーテル（モテル）の誕生と隆盛、なかでも「モーテル総理府令」が出されてからの警察とモーテルの攻防に焦点をあて、警察白書を中心に取り締まる側から見たモーテルの存在を考えていく。もともとアメリカで生まれたモーテルが日本に定着し、郊外型ラブホテルの地位を築き上げるまでの変遷を追う。

第三章の「ラブホテルの隆盛」では、モーテルの隆盛に影響を受けた連れ込み旅館が都市型ラブホテルとして確立していく様子を考察する。外観も内装も特殊な施設として際立ってきた連れ込み専用の宿に「ラブホテル」という呼称がついた。当時エポックメイキング的な存在であった「目黒エンペラー」の成功と、広告規制の影響で、ラブホテルはどんどんデラックス化される。しかしその後、風営法改正などの影響でシンプル化を辿っていったラブホテルを当時の女性の意識、建築家の意向、若手経営者の勢いなど、様々な視点から探っていく。

第四章の「ラブホの現在」では、情報誌がニュースや話題ではなく、情報としてラブホテルを取り上げるようになってからのラブホテルの変化について考察する。情報誌は、姿形は変わっても同じシステムや機能を持っていたラブホテルの認識を変えた。「ラブホ」という呼称が生まれ、ラブホテルはどんどんカジュアル化していく。第1節では、現代の若者にとって、ラブホテルがどういう位置づけであるのかということを明らかにする。第2節では、ラブホテルのシティホテルや他の休憩施設とのボーダレス化を取り上げ、一括りにはできなくなったラブホテルの現在を考察する。

性愛空間の文化史——「連れ込み宿」から「ラブホ」まで　目次

序章　ラブホテルのルーツ

出合茶屋、船宿、待合

ラブホテルのルーツは、「出合茶屋《であい》」だと考えられる。「出合茶屋」とは、江戸後期に流行した男女が密会に利用した貸席で、江戸では上野の不忍池畔《しのばず》や八丁堀代地にあったものが有名だった。取締りなどに備えて、客席を二階に設け、出入口を二カ所以上にするなどの用意があり、現在ラブホテルと呼ばれる施設に近いものを感じさせる。

また、「船宿」も「出合茶屋」のような使い方ができたという。船員を泊めるための宿として生まれた「船宿」のなかで、船員とは別に釣り客や船遊びに船を用意する店も出てきた。有名な江戸の船宿は、吉原の遊客が船便を利用したのでその休憩所となったという。明治以後は動力船の導入や陸上交通が発達したため急速に衰退したが、最後は釣り客用の船宿だけが残った。

その後、それらは「待合《まちあい》」に変わっていく。「待合」は待合茶屋の略で、江戸時代に待ち合わせや会合に利用する貸席として登場した。明治以後は、芸者の主要な出稼ぎの場として急増したが、その多くは貸席より芸者らの売春に場所を提供することを主とした。

ただ、「待合」は富裕層の利用が多く、一般には馴染みがなかったようである。祇園に残っていた昭和初期の待合を訪れた漫画家の近藤利三郎の文章を引用したい。

祇園近辺には数多くの「待合」というのがあって、看板こそ「まつや」とか「うめのや」とかの名前だけの、簡単な行灯をかかげていただけだが、常連さんには、こっそりと「ご休憩」に使わせていたようである。あくまでいちげんさんお断りで、お茶屋やお馴染みの紹介がなかったら利用することはむずかしい雰囲気があった。（中略）

「小説では読んで知っていたが、これが待合というものか。待合とはいったい何をする場所なのか」という興奮と疑問が交差して、当日の主題の、漫画グループ結成よりもそちらの方に気が行ってしまい、うわの空になったことを覚えている。

「ここは何に使う場所か」という疑問はすぐに解けた。のちに日本一の女性下着メーカーの宣伝部長になったM君は、好奇心満々で、まず姿見（鏡台）の引き出しを開けてみた。そこからスキンが二個出てきた。

「ウフォーッ！　スキンや」

これだけで十分に勃起する年代であった。和室に鏡台、これに布団だけあれば、当時の旅館三点セット完成である。M君がすぐ押し入れのフスマを開けた。やっぱり緋色の布団が収められていた。鼻血が出て勃起は一段と天を仰ぐ。（中略）いまでこそ、ションベンくさいムスメまでが堂々とラブホテルを使うようになったが、当時逆さクラゲの利用者は大人たちは、自宅では家族が多くておちおちセックスのできない夫婦が主で、待合でのセックスは、さらに一般人とは収入を異にする成金や知名人のお忍びの場所であった。

（近藤利三郎『なつかしの関西ラブホテル60年　裏のうらのウラ話』レベル、二〇〇六年）

「出合茶屋」「船宿」「待合」はいずれも現在のラブホテルのような娯楽施設に近いようなものではなく、売買春の場所として使われることの方が多かった。茶屋や飲食店の二階も男女の密会の場所になっていた時代もあったが、やはりここも私娼や芸者を呼べるような複合的風俗施設としての色が濃かった。そういったことを踏まえて考えた時に、それらが今のラブホテルに直接結び付いているということは考えにくい。ルーツであっても、もっぱら売買春を行っていた施設とカップルのための貸間空間は、直接は結びつかない。

ラブホテルに近い「円宿」の出現

この点で画期的なのは「円宿《えんしゅく》」の出現である。昭和初期に出てきた円宿には、現在のラブホテルを形成したとみられる大きな特徴がある。

円宿というのは、その名のとおり一円で利用出来たホテルのことであるが、その大きな特徴は、休憩（ショートタイム）が一円、宿泊（オールナイト）が二円という〝時間売り〟の導入だった。これは、現在のラブホテルの原形と考えられる。また客層も、単独の客や芸者などではなく、男性の大部分は若いサラリーマンと中年の男性で、女性は職業婦人、娘、人妻、女中、未亡人などといった、当時の待合とは違った客層であったという。一九三〇年に円宿の様子をレポートした記事を引用したい。

残念、『壮観』を逸す
無言のエロ、無數のダブルベッド

ダブルベッド備へ付けの文字を見て、一人でノコ〳〵と出掛けるなんて事がすでに野暮の骨頂なのだが、不幸にして相手のない記者は勇敢?にも一夜単身問題の△△ホテルにタクシーを飛ばせた。五行広告に秘められたダブルベッドの謎に猟奇的な想像を逞しうして…（中略）ホテルは正しく三階建の洋館風。どの窓も悉く灯が消されてシーンとした静けさ。ボーッとした玄関の灯を左に記者は何気なくホテルをグルーッと一廻りして元の所へ来た。と、その時、ヒョイト眼についたは一組　若い男女。しかも周りをはばかるやうに例の入口の赤い電燈を見上げてゐるではないか。記者は直に引返して、素知らぬ顔で男女の側を通り過ぎた男は××大学の制服制帽、二十四五歳の、青白い、背の低い青年である。女は赤味がかつた縦縞メリンスに藤色の単帯。男にくらべて均整のとれた所謂エロ味たつぷりな肉体だが、白粉のつけ方、着物の着こなしなどから、どう見ても場末のカフェーの女給といつた恰好。つまり『愛して頂戴ネ』てなわけで、早速案内広告に釣られてこのホテルのランデヴウ、といつた感じだが、それにしても制服制帽のまゝとは、この男、顔に似合ぬ度胸だぞ。（中略）

『いらっしゃいまし』
中から十七、八の粗末な洋装の娘が現れ『ドーゾお二階へ……』と云ふ。通された四畳程の応接間で先刻の娘が額縁に入れられた席料表を示して
『前一圓、中一圓五十銭、特等二圓ですが、どれもベッド付です。お一人ですか?』□……
この時、側にあつた先刻の制帽組らしい姓名カードの席料『二圓』に早くも眼をつけた記者は、二

案内廣告に釣られて……

殘念、『壯觀』を逸す

無言のエロ、無數のダブルベッド

図序-1　円宿の記事（『読売新聞』一九三〇年七月一三日）

圓の部屋を註文した。成るべく彼らの側へ近よるために。で、二圓を支払って案内された十五号室というのは、約四畳程の部屋三分の一パイに置かれたダブルベッド、毒々しい紅模様の夏ぶとんがかけられて、壁に裸体画と支那美人画が二枚。鏡台から食卓まで備へつけてなるほど、和洋折衷のつれ込みには持つて来いの部屋だ。（中略）玄関口で部屋の番札を見るとふさがつてゐる部屋は僅か五室。しかも、記者の番号とあまりに遠い二十三番だとか三番だとか、つまり同伴者には、気をきかせて離れた部屋を提供するらしいのだ。□……

かくして時をすごすこと約二時間シーンと静まり返ったホテルの中でどんな甘い陶酔劇が展開されたか。時たまかすかに聞えるWCのドアを開閉する音によって知るのみだ。と、突然、玄関のドアのベルがけたたましく鳴りひびいて小さく

『どうぞまた近いうちに……』

靴音がかすかに聞えて、記者が窓から顔を出すとまがふ方なき先程の大学生と女給の姿。□……

安い圓宿でも此静けさ、幾らエロでも不景気には勝てないのか――と思つたのは記者の誤り。独りの寂しさ、応接間に現れて先刻の娘に聞くとほゝ、と笑っての曰くが『圓宿と云ってもお泊りの方はありません、大ていな方が長くて一時間位ですわ』

とある。して見ると圓宿ではなくて圓席。そして娘のいふ事が『七時から十一時頃までが汐時で、その頃は一ぱいですわ』と。記者は遅れてその壮観に接し得なかった事を遺憾とする。

（『読売新聞』一九三〇年七月一三日朝刊）

記事に登場する「場末のカフェーの女給風の女」と「学生服学生帽の男」のカップルがどういう関係かはわからない。当時のカフェの女給は現在のホステス的な役割もあったことから、売買春の可能性も考えられる。

しかし、「長くて一時間くらいの利用客がほとんど」という案内係の証言と、たとえ売春であっても普通のカップルを装って入ってくる様子は現在のラブホテルに通じるものがある（現在は、電話などを受けて女性をホテルなどに派遣する性風俗サービス「デリバリーヘルス（通称：デリヘル）」や「ホテルヘルス（通称：ホテヘル）」があり、外で待ち合わせをした普通のカップルを装った男女がラブホテルを利用してそこでサービスが行われている）。

前述したとおり、円宿の客層は様々だったが、なかには「連れ込み専門の宿」もあった。円宿が取り締まりを受けたという一九三一年の新聞記事を引用する。

『圓宿ホテル』征伐　新取締令をつくる

最近「圓宿ホテル」といふのが多数現はれ安つぽいコンクリートまがひのアパートにベッドを置いて、ホテル営業を表看板として待合ともカフェーともつかぬつれ込み客専門の宿をして盛んにエロ時代を謳歌してゐるものがあるので警視庁保安部風紀係では取締りの必要を認め、管下各署からの調査意見書を十日迄に集めることになりこの旨十一日通謀した（中略）これによつて連れ込み専門のいかがはしい圓宿ホテルは徹底的に取締られ更に客をコンクリート建のホテルに奪はれてゐる小旅館が苦しまぎれの待営業なども亦断然取締られるわけである。

（『読売新聞』一九三一年三月一二日朝刊）

この記事のなかには、「連れ込み専門のいかがはしい圓宿ホテル」と「客をコンクリート建のホテルに奪はれてゐる小旅館」という二種類の宿が登場する。

円宿は、本章でラブホテルの直接的なルーツとして考えられる宿として紹介した。なかには「連れ込み専門」の円宿もあったと考えられる。また、円宿と並列されている「客をコンクリート建のホテルに奪はれてゐる」小旅館は、どんな苦し紛れの営業を行っていたのだろうか。

次章では、宿泊休憩施設が「連れ込み専門」という営業形態に定着するまでの変遷を探っていきたい。

第一章　連れ込み旅館の成り立ち

1　「連れ込み旅館」に至るまで

「連れ込み」という言葉

「連れ込み」という言葉は動詞である。それが「セックスをするための場所」を指す名詞になったのはなぜだろうか。

下川耿史によると、一九二七年頃から女性が男性に連れ込まれる宿という意味で「連れ込み」という呼称が生まれたという。

ラブホテルのことを連れ込みとか、連れ込み旅館ともいうが、これは昭和二、三年頃、大阪で始まったものである。その頃、大阪駅近くの兎我野に林立していたカフェで、男性がカフェの女給にハンドバッグをプレゼントし、女性がそれを受け取ることは暗黙のうちに性的関係をｏｋしたものとされていた。そこでその二人が旅館に行き、男性がハンドバッグを持って入る。女性は後からついて来て、お茶を持ってきた女中に「ハンドバッグを取られて連れ込まれたの」といった、わずかもながらの弁解をした。これが転じてそういう旅館のことを連れ込みとか連れ込み旅館とか称するようになったのである。一説には女中たちの間でからかい半分に「○○の間は連れ込みさんよ」と言い合ったのが広がったともいうが、どちらにしろ、客の行状が旅館に対する評価、烙印として定着したことでは変わりがない。

（下川耿史『極楽商売　聞き書き戦後性相史』筑摩書房、一九九八年）

それ以前にも、「連れ込み」という言葉は「茶屋」に付けられ、暗に「セックスをする場所」を指していた。

しかし、「連れ込み茶屋」は、「連れ込み旅館」のように男性が女性を引っ張り込む場所ではなかった。男と女が逆、つまり私娼が客を連れ込む場所だった。

もともとの「連れ込み」には売買春が行われる場所という認識が強かったが、そこに「宿」や「旅館」が付けられるようになってからは、男性が（素人の）女性を連れ込む場所とも認識された。そこから「連れ込み」は、「私娼が客を連れ込む場所」「男が女を連れ込む場所」「女が男に連れ込まれる場所」として広がっていったのである。

「待合」と「連れ込み」

昭和初期に発表された坂口安吾と高見順の小説から、文中に「待合」と「連れ込み」が出てくる小説を引用したい。ここでは、「待合」と「連れ込み（ツレコミ）」が同じような場所として表現されている。

「私、待合や、ツレコミ宿みたいなところ、イヤよ。箱根とか熱海とか伊東とか、レッキとした温泉旅館へつれて行ってちょうだい。切符はすぐ買えるルート知ってるのよ」

（坂口安吾『青鬼の褌を洗ふ女』一九四七年）

あたしも初め近所のおでんやへ行くかと思つてたら、待合へ行かうだつて、いくら酔拂つたからツて、よくもヌケヌケ言へたもんね、いやだツても離さないんですもの、あたしいつそのこと、その待合へ行つてやつて、ヘンなことしたら横ツ面ビシヤツとやつて恥かかして歸つてやらうかと思つたの、巧い工合に小關さんが來てくれてよかつたわ、いづれ大森あたりの連れこみへでも引張つてくつもりだつたんでせう。さう言つて秋子は唇をピリッと痙攣させた。折も折、彼女の頭には、篠原との最初の一夜を送つた不愉快な待合のことが想ひ出されてゐたのだがそれが大森だつたことは忘れてゐた。

（高見順『故旧忘れ得べき』一九三五年）

前出の近藤利三郎氏によると、「待合」は富裕層や知名人の利用が多かった。それに比べて、「連れ込み」の客層は様々だったようだが、貸間としての機能は似たようなものだったのかもしれない。

待合は戦時下の一九三九年に一〇時閉店になり、一九四四年には一年間の期限付きで閉鎖される。そして敗戦後は、待合や旅館なども含めた都市部のほとんどの建物が焼失し姿を消した。

一九四六年、GHQによる公娼制廃止により多くの娼婦が摘発され、街娼が急増した。東京・上野駅周辺に「連れ込み」兼用旅館が建ち始め、同年「アベック旅館」「温泉マーク」「さかさくらげ」などの呼称が登場し、新宿駅南口周辺に「連れ込み旅館」なるものが現れる。

連れ込み旅館は急増し、一九六一年には都内で約二七〇〇軒もあったという。連れ込み旅館がこの時期に増えたのは、一九五八年に実施された「売春防止法」によって生業を失う業者が、新宿、玉の井などから、旅館業に転身していったことが原因のひとつであったと考えられる。

当時、「連れ込み」と呼ばれていた（看板に「連れ込み」と掲げていたわけではない）旅館を経営しようと、大阪の状況を視察した江前淳氏は語る（江前商事株式会社代表、二〇〇五年七月二六日インタビュー）。

「乾燥機もない時代やから、（連れ込み旅館に）浴衣とタオルがずらーっとすごい数干されてて、こんなにお客さん入ってるんかとびっくりしました。大阪城の草むらなんかにはそこらじゅうアベックが転がってた時代やったからね、部屋が欲しかったんじゃない？

連れ込み行ったら風呂も入れるしね。昔は大家族だったから、仕切りもなにもないし、布団はみんな川の字で寝るしね、住宅事情が大きかったんちゃうかな」

大阪城の草むら同様、東京では皇居前広場がアオカン（屋外性愛）のメッカとして有名な場所であった。多くの街娼がそこで商売をしていたという。

また、当時は夫婦であっても自宅で思う存分セックスすることは難しく、どこの家庭にも、セックス中に突然子供が入って来た時のための枕屏風があった。

風呂といっても共同風呂が一つあるだけの旅館がそこまで繁盛した大きな要因は、公娼制廃止や、住宅事情の問題で「人目につかずセックスができる場所」が少なかったことが大きく関わっていた。

2　普通の旅館から連れ込みへ

鶯谷ホテル街の成り立ち

前出の下川の聞き取りでは、「そういう旅館のことを連れ込みとか連れ込み旅館とか称するようになったのである」（下川耿史『極楽商売　聞き書き戦後性相史』）とあった。そういう旅館はどういう旅館なのだろうか。

「連れ込み旅館」と認識されていた旅館は、最初から「連れ込み専門」だったわけではない。小旅館や簡易旅館、料理旅館がだんだんと「連れ込み」中心になっていったのである。普通の旅館が「連れ込み」へと変わっていく経緯を、経営者の視点からみていきたい。当時のことをよく知る三人の経営者にインタビューした。

まずは現在鶯谷でラブホテルを経営するA氏とB氏に、鶯谷でホテル経営をすることになった経緯について話を聞いた（二〇一〇年七月七日インタビュー）。

A　鶯谷では、地元でインク屋をやってたとか、万年筆屋をやってたとか、下駄屋をやってたとか、全く違う商売をやってた人が、旅館やホテルに転業したという形が一番多いです。そっちの方が儲かりそうという理由で。

B「あそこに旅館あるけど、随分ひとが来てるね。だったらうちも自宅を改築してやっちゃおうか！」というような…最初はそんなノリでした。上野みたいな繁華街よりも、一歩置いた、一山超えたこっち（鶯谷）の方がよかったのかな。わけありのカップルが内緒で入れるような。

そうやって一軒増え二軒増えという形でだんだんと増えていった結果、今は（ラブホテルが）六十数軒あるという形です。

徐々に増えていったのも、ほとんどがよそから来たひとじゃなくて、この辺に住んでたひとが自宅を改装してという形が多いです。

鶯谷周辺の旅館が連れ込みという形で発展したのは、大きなキャバレーが近くにあったということがあると思います。そのキャバレーに行く前に同伴して旅館で休憩するというカップルを子供の頃にたくさん見かけた記憶があります。

あとは、ホステスさんたちが客が退けた後に家に帰らないで泊まったりという感じで、この辺は需要が結構あったんだと思います。相当な数のホステスさんがいて、有名な歌手もショーで来たりして、すごくネオンがキラキラしていましたね。子供心に綺麗だなあと思っていました。

Ａ　狭いけれども規模が大きくて、赤坂の「みかど」に匹敵するような大きいキャバレーが二軒あったんです。今はパチンコ屋さんになってるけど。

明治時代に鶯谷というところは、色んな文豪や歌舞伎役者の別邸があったんです。根岸に柳通りというところがあって、そこの花柳界に芸者さんたちがいっぱいいて、そこからちょっと外れて鶯谷があったんです。

Ｂ　私が子供の頃は大人のカップルばっかりだったのが、若い人が来るようになってという変化はあります。時期によって大なり小なりあります。一気に変わったというより、徐々にです。設備が変わるにしたがって、少しずつ変わっていくような。ここは商売の方たちの方が多いと思います。普通のカップルは二割くらいかなあ。

Ａ氏・Ｂ氏ともに、親世代から鶯谷で商売をやっていたという。

Ａ　母親が一九五九年から鶯谷で旅館をやっていました。「藤家《ふじや》」という一泊二食付の普通の旅館でした。あの当時、ぽつぽつこの辺に旅館ができてたんですよ。それが流行るのを見たんだと思います。うちは土地を持っていたわけじゃなくて、別の場所であんみつ屋をやってたんですけど、忙しすぎて体が持たなくてやめたというのは聞きました。その後駄菓子屋をやったんですけど、それでは生活がやっていけなかったみたいで……。旅館を始めた頃は大変だったみたいです。よく質屋へ行ってたというから。

うちは昔でいえば旅籠《はたご》のような、旅行客を泊めるんじゃなくて仕事で移動する人たちを泊めるという商売でした。そんなに大きくなかったから、温泉旅館とかそういう規模ではやっていけなかったので、小旅館としてやってました。今のビジネスホテルの規模の小さい形ですね。

最初は普通の旅館だったみたいです。連れ込み旅館との区別はそんなにはっきりしてなくて境目だったみたいですね。食事はいらなくて、二時間くらいで帰っていくようなお客さんが多くなってきたので、だんだん食事出すのは大変だし、切り替えていこうかなという感じで変わっていったんじゃないかな。

始めた時は大変だったみたいですが、一九六二年頃には人が入ってました。国そのものが潤ってきたんだと思います。戦争が終わって、自分の生活を建て直していこうという雰囲気があって、右肩上がりで復興した。その時流に乗れたんじゃないでしょうか。人が「遊び」や「楽しむ」ことを覚え始めた時だったんだと思います。

B　父が昭和二〇年代後半に、鶯谷の線路際で「鶯谷ホテル」というホテルをやり始めたんです。それから（昭和）三五年に今の「ステラ」のところに「ホテル桃山」というホテルを建てたんです。「ホテル桃山」は、父が京都伏見の御稲荷さんを信仰していたので、伏見山から桃山城が見えたとかそういうことで付けたと聞きました。それで（昭和）四〇年代前半に「鶯谷ホテル」を売って、今の「絆」

を買ったんです。

父は最初、上野で食堂をやってたんです。食堂では鰻を捌いたりしていて、土用の日なんかには人気もあったようなんですが、腰を痛めてしまってこのままだと長く働けないと判断したそうです。

その当時、父の兄が上野で修学旅行生が来るような旅館をやってたんです。それで「旅館はどうだろう」と思いついたとか。

上野や浅草じゃなく鶯谷で始めたのは、大きな土地をもっていなくても旅館ができたからだそうです。それで小旅館を始めて…最初は泊まりが主だったんですが、昼間でも需要があるからということで時間貸しも始めたとか。だんだんそうなっていったという感じですね。当時は宿泊料金並みに休憩料金をとっても人が来たみたいです。

最初は和風でしたね。普通の旅館とそんなに違いはありませんでした。規模は小さいけど、お風呂は共同で、男性風呂と女性風呂が別々、トイレも別で。部屋には女性の姿鏡と、お布団がひいてあって…襖鏡なんかはもっと後だったと思います。はじめの頃は、性に関わるようなものも置いてなかったです。

客層は、普通のカップルよりも、芸者さんやキャバレーの人とお客さんが多かったです。若い人というより、年配の人が多かったですね。

最初はみんな木造で、リニューアルしていくうちに近代的になっていきました。

A　私はホテルを継いだ時にリニューアルして、「藤屋」を「アピオ」に変えました。

この業界って、老舗がないんですよね。絶えず新しくないとダメっていうのがあって。「藤屋」でやってると前のイメージを引きずってるから、新しいイメージが立ち上がるのに時間がかかるじゃないですか。でもリニューアルして、名前変えて、店の雰囲気が全く変わっちゃうともう新しいものになるので、「じゃあ行ってみようかな」となるんじゃないかと我々は思ってるんです。

「アピオ」はスペイン語で「セロリ」です。私のなかでは、あんまり意味は重要視してないんです。響きと字が短いこと。字数が少なくて言いやすいというのが大事。うちの場合は、私がヨーロッパに旅行に行って「こういう雰囲気いいな」と思ったから、「南欧風にしてください」って言って、後は（デザイナーに）お任せしました。

B （アピオが建って）「藤屋」さんとはガラッと違ったので、大人しい感じの和風旅館だったのがどんって変わったので驚きました。

うちもリニューアルするたびに名前を変えてるんですよ。今の「ステラ」は「ラガール」という名前でやってましたし、「シャトー桃山」は「メトレス」→「絆」という形で変えていきました。お客様に変わったっていうイメージを与えるためです。リニューアルのスパンは二〇年弱くらいですね。

最初は「冷暖房完備」で、次は「カラーテレビあります」とか、置いてるものもだんだん進化していきました。今なら冷蔵庫完備は当たり前かもしれないけど、昔はビールなんかも持って行ってたので。仲居さんが靴をお預かりして部屋にご案内していたので。

A その時は女中さんがいて、その人たちは給料よりチップの方が多かったんですよ。

B　みんな着物を着て、お客さんが入ってこられると、ポットとお菓子持ってご案内して「いらっしゃいませ」って。普通の旅館と一緒でしたね。

次頁に、鶯谷ホテル街の旅館・ホテルの広告を載せた（図1－1～4。B氏の話に出てくる「桃山」「メトレス」の広告もある）。

A氏とB氏の話によると、鶯谷にホテル街ができたのは「繁華街ではないけれど繁華街から近く、周辺に大きなキャバレーがあった」という場所柄によるものだというところが大きい。

利用客が多かったため、地元民が転業してホテル業を始めたという形が多いということも特徴のひとつである。

渋谷ホテル街の成り立ち

現在、渋谷でラブホテルを経営するC氏に、渋谷のホテル街の成り立ちについて話を聞いた（二〇一〇年六月一九日インタビュー）。

C　昭和二〇、三〇年代に始めた人は「旅館は儲かるよ」ってことで始めたんだと思います。「家業」という人が多いですね。今六一軒（二〇一〇年当時）ありますけど、うちも家業だったんですよ。

一代目の方は色んな経緯があると思います。円山町って、旅館も多かったんですが、料亭も多かっ

【鶯谷ホテル街の旅館・ホテル広告の移り変わり】

和風から洋風へ変わっていく様子が広告からも読み取れる。

図1－1 「鶯谷温泉　福住」の広告
（出所）『夕刊　東京スポーツ』1960年５月13日。

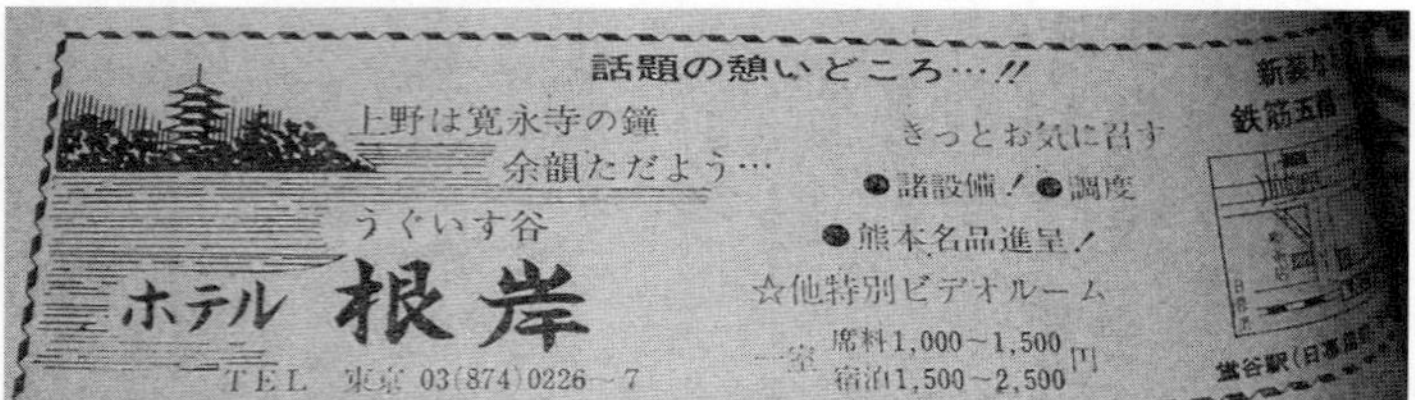

図1－2 「ホテル根岸」の広告
（出所）『週刊大衆』双葉社，1973年11月15日。

図１－３　「ホテル桃山」の広告

（出所）『週刊大衆』双葉社，1978年５月４日。

図１－４　「HOTEL　メトレス」の広告

（出所）『週刊大衆』双葉社，1993年９月27日。

たんですよ。そこからラブホテルに変わった人もいるし…。

駅前の下駄屋さんの二階に部屋が三つあるから旅館にしちゃおうかという形で、駅前の人たちがどんどん旅館を始めたということから始まりました。でも駅前は区画整理で立ち退きになったり、大きな資本が入ってきてビルになったりして無くなってきて…。この地図（千駄谷駅附近案内図。図1-5）を見ると、駅前にたくさん旅館があったんですよ。それがみんななくなりました。

昭和四〇年頃の映画を観てたらね、男性が女性を連れてタクシーの運転手さんに「運転手さん千駄ヶ谷へ」って言うんですよ。要するに千駄ヶ谷っていうのは、連れ込み旅館のメッカで代名詞だったんですよ、今でいう鶯谷とか円山町みたいな。オリンピックを境に千駄ヶ谷は文教地区に指定されて、増改築ができないということで全部潰れましたね。

うちの祖父はソウルで商売をしてたんですよ。ソウルに鹿島建設の代理店みたいな形の建築機械を売ってた本店があって、ピョンヤンと東京と満州に支店があったんです。その当時は大きな会社だったみたいです。その後戦争に負けて全財産失って、日本に引き揚げてきたんです。

渋谷駅周辺（旧金王町）でもう一度同じ商売を始めたんですけど、その通りは大半がホテルで、ホテルの一部を使って会社をやっていました。そこで建設機械、クレーンとかブルドーザーとかそういう販売をやってたんです。同じ場所で「豊仙閣」というホテルを経営してたんですが、うちの祖母がホテルの実質的なオーナーでした。会社や旅館組合は祖父が主体となってやっていて、旅館の経営は祖母がやってるという形でした。

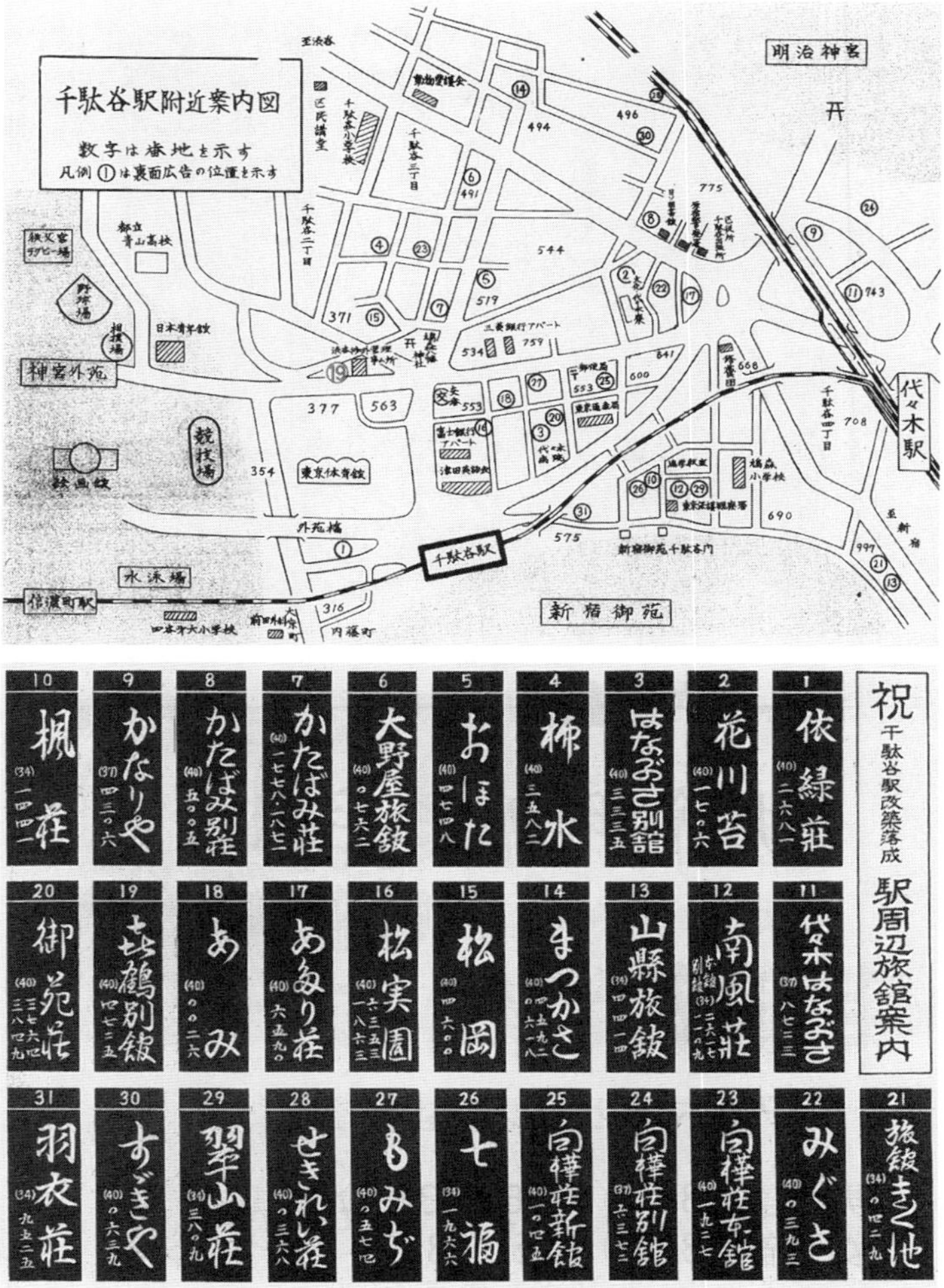

図１－５　千駄ヶ谷駅付近案内図
駅の近くに沢山の旅館がある（番号が打ってあるのが旅館）。
（出所）『渋谷ホテル旅館組合創立五〇周年記念誌』渋谷ホテル旅館組合，2003年６月６日。

「豊仙閣」は一九五二年からやっていました。その頃は旅館ということで、ラブホテルとかビジネスホテルとかそういう区別がなかったんですよ。うちはネオンに逆さクラゲ（温泉マーク）を付けていました。その頃は風呂が部屋についていなくて、共同風呂・便所のところでも、みんな逆さクラゲをつけてましたね。

「連れ込み」も何も区別がなくて、短時間で帰るアベックの方もいらっしゃったし、商人宿みたいな形で一週間くらい居る人もいました。そういう人のことをうちでは〝滞在さん〟と言っていて、そういうお客さんには昼も夜も食事を出してました。大半は連れ込みのお客さんだったみたいですが、普通の旅館としてもやっていましたね。

「連れ込み」という認識が生まれたのは昭和三〇年代の後半頃からじゃないですか。オリンピックのあたりからじゃないかなと。うちが一九六〇年にここ（道玄坂二丁目）に移ってきて、「旅荘一村《いちむら》」という旅館をやっていたんですが、その頃から特化していましたね。

暗黙の了解で「連れ込み中心」か「旅館中心」かということはありましたが、それまではごちゃごちゃでした。要するに土地のお客さんのニーズなんですよね、歓楽街の傍だとアベックが多いので「休憩二時間でやった方が儲かるよ」という。

その頃は、一番安い部屋で休憩四〇〇円（サービス料込で四四〇円）、泊りはその倍の料金の八八〇円でした。バス・トイレ付の一番高い部屋は千円くらいしてましたね。バス・トイレ付はこの辺りでうちが初めて作ったんです。

図1−6 「旅荘　まつ」の広告
中央の渋谷のホテル広告には「旅荘」と付けられている。
（出所）『夕刊　東京スポーツ』1960年5月13日。

最初、一五部屋中三部屋そういう部屋を作ったら、周りから「この辺りのお客さんは客層が低いんだから、高い部屋作ったってそんな部屋使わないよ」と言われてたんですが、祖母は「これからはそういう時代じゃないよ」と言って作ったんだそうです。するとそこへ「あの部屋は空いてないか」っていう声がすごくたくさんきて…。だから一年経たないうちに、ふたつの部屋をひとつにしたりして、どんどんバス付の部屋を作って、昭和四〇年代には全部バス・トイレ付にしたんです。

鉄筋コンクリートで作ったのも、この辺りでうちが最初でした。それまではみんな木造だったんですけど、うちが流行るとみんなそうしましたね。その頃、「旅荘」というのもネーミングとしては新しかったんですね。旅館も旅荘も一緒なんですけど、旅荘の方が高級感があったというか…。祖母も「ワンランク上なんだよっていう意味で旅荘と付けた」と言ってました。この辺では、旅荘というと「高級連れ込み旅館」という認識だったと思います。ひょっとしたら渋谷では旅荘＝鉄筋コンクリートの旅館っていう意味合いもあったかもしれません。

円山町ホテル街の発祥

円山町周辺のホテル街は、「ダムで水没した白川村のひとたちが渋谷に来てホテル業を始めたことがきっかけ」であるとされている。雑誌や書籍などで定説となっている「白川村発祥説」は、ルポライターの佐野眞一氏の聞き取り調査がもとになっている。

昭和二七年（一九五二）に円山町で旅館業をはじめた有賀千晴は、渋谷ホテル旅館組合相談役の肩書きをもつ円山町旅館街の生き字引き的存在である。その有賀によれば、円山町が花街から旅館街にかわる流れの先鞭をつけたのは、のちに岐阜グループと呼ばれることになる人びとだったという。

「富山県境に近い岐阜の奥飛騨に御母衣《みぼろ》ダムという大規模ダムがあります。そのダム工事にともなって水没した村の人々が大挙してこの街にやってきた。最初にやってきたのは、ダム建設賛成派の一人で、莫大な補償金をもらって村を捨てた杉下茂一という人でした。

杉下さんは俠気《おとこぎ》のある立派な人物でした。経営が傾きかけていた料亭などからこの辺り一帯の土地を買い占め、自分を頼って東京に出てきた同じ水没村の連中に、その土地を儲け抜きで売ってやった。杉下さんが始めた『竜水』という連れ込み旅館を皮切りに、こうして岐阜グループの人々がこの街に次々と旅館、ホテルを建設していった。上京して旅館をつくった岐阜グループの人たちの結束は、日本にいる韓国の人たちより強い。春秋会という組織をつくり、年中集まりをもっている。この辺り一帯のホテルに白川など、川のつく名前が多いのは、水没した村のことをいつまでも忘れないでいようという岐阜グループの人たちの気持ちの現われなんです」

なぜ杉下茂一は円山で旅館業を始めたのか。茂一の息子で大田区蒲田でビジネスホテルを経営する杉下保によれば、そもそも杉下一族が東京に出てきたのは、保の兄、すなわち茂一にとっては息子の一義を頼ってのことだったという。

「一義は当時、川崎の日本鋼管に勤めており、その後、大田区の仲六郷で簡易旅館を始めた。私たち一族は、だから、仲六郷で最初の草鞋を脱いだんです。一義は早くに亡くなり、仲六郷の旅館を親父が引き継ぎ、次いで旅館が少しずつ建ち始めた渋谷の円山町に進出した。うちはダム建設には中立の立場でしたが、どっちみちダムで水没するなら早く出た方がよいと考え、東京に移ってきたんです。円山町でホテルをやっている岐阜の連中は、みんなうちの親戚ばかりです」

有賀と杉下がこもごも語る話に耳を傾けている間、私の身内にずっと軽い衝撃が走っていた。それは御母衣ダム→電力→東京電力、御母衣ダム→水没→円山ラブホテル街という二つの連想が交差したからだけではなかった。

（佐野眞一『東電ＯＬ殺人事件』新潮社、二〇〇三年）

佐野氏の聞き取りは、少し大げさである。渋谷でホテルを経営するものはほとんど「渋谷ホテル旅館組合」に入っているが、組合のなかで白川村出身の経営者は一部であり、「後発組」とされている。関係者の話によると、ダムの底に沈んだ白川村の人たちは、周辺の村や、名古屋・東京・北海道と各地に散らばったという。

東京に出てきた白川村出身者は、立ち退き料としてもらったお金で土地を買い、料理旅館を始める者が多かった。東京駅周辺は土地の値段が高く、旅館を建てられないところもあったので、新宿、渋谷、蒲田、川崎という順番で、村から出てきた者が次々と土地を買い、旅館経営を始めたという。白川村出身者が経営する旅館・ホテル・ラブホテルは渋谷だけではなく、東京都内に三十軒ほどある(二〇一〇年当時)。

料理旅館を始めた理由は、「家庭料理なら作れるし、生活してたら旅館業で必要な仕事はできる」ということであった。

関係者のW氏によると、旅館がラブホテルに変わっていった理由は「お金」だという(二〇一〇年六月二二日インタビュー)。

「今あるホテルは、みんな料理旅館だったの。ラブホテルなんて昔はなかった。それがビジネスホテルやラブホテルに変わっていった。変わった理由はお金ですね。料理旅館は大変でしょ。お客さんが来て夕食を作ってあげて朝飯を作ってあげて「ありがとうございました」で一万円とるのと、男女のカップルが来て、こっちは何もしないで、お客さんがぱっと帰ってくれて一万円とどっちがいい？後者の方が儲かるし、客が来るし、仕事も楽じゃない。

あとね、法律の問題もあったの。料理を提供する場合、調理師の免許、食品衛生の免許が当時必要になってきた。それまではいらなかったんだけど、そういうことを言われ出した。

それだけではないけど、そういうのがめんどくさいなあという人もいて、だんだんとラブホテルに変えていったんだよね。

料理旅館がラブホテルになったのは利用者のニーズだけじゃなくて、そういういろんなことが絡み合ってるんだよ。」


白川村の例からも、旅館業は地方から出てきたばかりの者ができる仕事だった。現在のラブホテルの経営者に地方出身者や在日外国人が多いのは、その土地に基盤がなくても、場所さえあれば「素人でもできる商売」だったからである。

女性経営者の割合

資格や知識は必要なく、客を泊め、必要であれば料理を出し、掃除をしてまた客を泊める…家事にも通じるこの仕事は〝女の仕事〟でもあった。

渋谷周辺の旅館の移り変わりを調査し、組合誌にまとめた一寸木正夫氏に話を聞いた（二〇一〇年六月一九日インタビュー）。

「旅館は女性の商売だったんです。温泉旅館でもそうだったと思うんだけど、実際は女将が取り仕切ってる。旦那は旅館組合の仕事とか観光協会の仕事とか、そっちの方に飛び回ってる。昔はお妾さんが多かったんですよ。この円山町でも旦那さんは大きな会社の社長さんで、お妾さんにホテルを持たせて経営させるというのがすごく多かったんです。大半がそうでしたね。経営者の名前を見ると結構女性の名前が多いんですよ。男性の名前があったとしても、実際経営してたのは奥さんなんですよ。旦那さんは肝心なとこだけ。銀行に行くとか。その頃は組合活動が活発だったので、朝から組合の人たちと話して、夜は一杯飲みにいくとか。」

渋谷周辺の旅館は、白川村出身者だけでなく、女性経営者に支えられて大きくなっていった。

実際女性の経営者はどれくらいいたのか、『渋谷ホテル旅館組合創立五〇周年記念誌』「渋谷ホテル旅館今昔――地図で見る五〇年」を元に、名簿を作成した（表1-1～11）。記念誌には、旅館組合に名簿が残っているものから年月日を調べたとあるが、一九四五～六〇年頃までの名簿は残っておらず、廃業年はわかっても開業年は不明の旅館が多い。なお、「営業中」とあるホテルは記念誌が作られた二〇〇三年の時点での営業状況である。女性経営者の名は太字で表記した。

表を元に女性経営者と男性経営者を比較してみると、創業年が不明と記された一九四五～六〇年の間に建てられた初期の旅館経営者にいかに女性の名前が多いかということがわかる。たとえば桜ヶ丘・南平台（表1－1）は創業年不明の旅館経営者一六人中一一人、円山Ⅰ地区（表1－4）は一〇人中八人、恵比寿（表1－11）は一六人中一三人が女性経営者である。その他の地域も、初期の旅館経営者は約半数が女性という状況であった。

まだ女性がほとんど社会進出していなかった時代にこれほど女性の経営者が多いというのも、旅館業の特徴だろう。一寸木氏の話では、旅館経営者は〝お妾さん〟が多かったという。炊事や洗濯といった家事にも通じる旅館業は当時の妾という立場の女性が自立して生きていく術だったのかも知れない。

3　「連れ込み」の目印

「連れ込み旅館」と「普通の旅館」の区別

第2節では経営者の視点から、普通の旅館が「連れ込み」旅館になるまでの経緯を述べた。本節では利用者の視点から、「連れ込み旅館」を考えていきたい。利用者は「連れ込み旅館」と「普通の旅館」をどう区別していたのだろうか。獅子文六の『自由学校』という小説のなかに、当時の宿の様子を説明するシーンがある。

　新築の家は、たいがい、旅館の看板を出していた。昔、この辺は、安価な商人宿が多かったが、今、

表1-1　経営者名簿（桜ヶ丘・南平台）

名　前	創業年	廃業年	ホテル・旅館名
岩井綾子	不明	1999年	桜丘ホテル
岩井ハル	不明	1999年	桜丘ホテル
三島美津江	不明	2003年	桜丘会館
武内とみゑ	不明	1969年	司
舘野すゑ	不明	1971年	ひさご
平良きよ	不明	1965年	京番
芹沢きん	不明	1963年	東洋荘
青山キク	不明	1971年	グリーンホテル
土井アヤ	不明	1988年	ホテルミラク
中尾政子	不明	1969年	芙蓉荘
大場チャウ	不明	1961年	千草
岩井将治	不明	1999年	桜丘ホテル
阿久津徳重	不明	1961年	渋谷荘
西潟長吉	不明	1963年	平安楼
柳父悦三	不明	1964年	石山荘
後藤建栄	不明	1963年	よし福
渡辺定雄	1961年	1977年	いずみ
橋本正剛	1961年	1966年	若草
仁科昭文	1961年	1987年	ホテルニューシブヤ
仁科キミ	1961年	1987年	ホテルニューシブヤ
千野国	1961年	1980年	葵
堤竜吾	1961年	1975年	ホテル天城
金城剖哲	1963年	1971年	ホテル金城
平林操	1963年	1975年	旅荘みき
保井千代子	1965年	1973年	白景荘
岩田芳弘	1969年	1985年	ホテル福田屋
武田照典	1971年	1988年	ホテルビラ
三島正之	1980年	2002年	ヒルポートホテル
金海秀子	1985年	2002年	ホテルサンライト
山崎真男	1991年	営業中	アンフィニスイン渋谷

表1－2　経営者名簿（道玄坂1丁目地区）

名　前	創業年	廃業年	ホテル・旅館名
桜井絹子	不明	1989年	たつ田
小野寺艶子	不明	1982年	旅館富士
山田あい子	不明	1969年	扇家
野々文子	不明	1973年	旅荘大和田
小島志げ	不明	1969年	あたり荘
長坂シン	不明	1969年	音羽
津田八重	不明	1968年	霧島別館
樫木貞子	不明	1967年	宝永
岩井照子	不明	1968年	寿
楠本キミ	不明	1963年	楠木
後藤小笑	不明	1961年	都
荒木保夫	不明	1985年	旅館富士見
久保田武	不明	1980年	のなか旅館
東名明	不明	1973年	ホテル一楽
永長美之吉	不明	1971年	旅館永吉
津田幸造	不明	1968年	霧島別館
樫木應行	不明	1967年	宝永
菊永哲夫	不明	1963年	ホテル暁
菊永哲夫	不明	1964年	いこい
淤見広	1963年	1977年	旅荘東荘
水野二郎	1968年	営業中	ホテルふじや
山田祐規子	1969年	1977年	旅館やまだ
野々貞市	1969年	1983年	ホテル梅村
金巳哲	1969年	1973年	かねやホテル
小林三郎	1971年	1973年	旅館たからや荘
品田綿一郎	1973年	1982年	旅荘よねやま
小沢幸磨	1976年	1980年	ホテルパルコ
小沢幸磨	1980年	営業中	ホテルシルク
中津信治	1988年	営業中	ホテル P&A プラザ
密田都子	2001年	営業中	ホテルマヨビエント

表1－3　経営者名簿（神泉駅周辺）

名　前	創業年	廃業年	ホテル・旅館名
植田志づ	不明	1985年	旅館甲遠館
津田ヤイ	不明	1980年	旅荘きり島
原田照子	不明	1964年	菊半
大田原房子	不明	1976年	旅館よし乃
野沢都留子	不明	1968年	乃ざ和
野水マツ	不明	1971年	旅館呉羽荘
林やゑ	不明	1969年	旅館女大名
赤松義子	不明	1965年	赤松
井上須美子	不明	1965年	たなか
松下寿美子	不明	1969年	藤本
小城君代	不明	1963年	ホテル三らく
大田原真佐男	不明	1976年	旅館よし乃
青信一	不明	1977年	松住旅館
深田博司	不明	1964年	一條
小坂修	不明	1971年	旅館竹久
野水清太郎	不明	1971年	旅館呉羽荘
小菅定治	不明	1961年	こすが
森田昌宏	不明	1965年	たなか
中澤勇司	不明	1987年	旅荘天雲
門脇肇	不明	1987年	ふじ乃
津田幸造	不明	1980年	旅荘きり島
大和栄司	不明	1983年	旅館やまと
大津まさお	1961年	1971年	旅荘久松
今井秀子	1963年	1965年	花仙
金山いわ	1963年	1973年	旅荘みふじ
秋沢マサ	1964年	1977年	旅館夢之荘
小島聖子	1964年	1973年	旅荘神泉
林英一郎	1964年	1981年	旅荘はやし
秋沢善三	1964年	1977年	旅館夢之荘
林みどり	1965年	1969年	泉
小林康夫	1968年	1980年	渋谷ステーションホテル
東城一男	1969年	1983年	ホテル一城
岡田サク子	1969年	1975年	千雅
新井由利子	1981年	営業中	ホテル錦
井坂泰志	1983年	1987年	ホテルアイランド
中澤勇司	1987年	営業中	ホテルテンウン
加藤友康	1988年	営業中	ホテルカサノバ
豊田造	1991年	1994年	ホテルペーパームーン
山口久治	1992年	営業中	ホテルルテシア
大田克行	1994年	営業中	チャンドラ
大原豊	1999年	営業中	ホテルネオコスモ

表1－4　経営者名簿（円山Ⅰ地区）

名　前	創業年	廃業年	ホテル・旅館名
大柴愛子	不明	不明	旅館大園
大柴かづみ	不明	不明	旅館大園
杉本こふ起	不明	1971年	旅荘まつ
及川ひで	不明	1985年	及川
中島喜代子	不明	不明	仲の島
堀内サダ	不明	1963年	はり子
松浦寿	不明	1968年	うぐいす
高橋愛子	不明	1963年	高はし
大柴勘次	不明	不明	旅館大園
小林岩蔵	不明	1969年	よね林荘
立川マキ	1961年	1988年	江戸家
浦木清十郎	1963年	1965年	浦島
井上むめ	1965年	1969年	井上
長島稲子	1965年	1966年	ひらの
山田豊蔵	1965年	1973年	旅荘城ケ島
浦木清十郎	1965年	1967年	旅荘紀州
水藤遊生	1967年	1969年	ホテル古城閣
秋元正子	1967年	営業中	ホテルヤシマ
小久保洋子	1969年	1971年	旅荘三恵
有賀千晴	1969年	営業中	ハイランド
滝沢由美子	1969年	1975年	たきざわ
小坂修	1973年	1987年	ホテルふらみんご
渡辺浩一	1973年	1975年	ホテル亜美
静圭子	1975年	1988年	ホテルマリーナ
森谷初江	1975年	1981年	ホテルタキザワ
高宗政夫	1977年	1997年	ホテルペリカン
藤田七郎	1979年	1985年	ホテルあづさ
近藤みさ子	1979年	1983年	ホテル道玄坂
森谷初江	1981年	1999年	ホテルル・キャスル
近藤千代	1983年	1989年	ホテルエンゼル
筒井博子	1983年	営業中	ホテル渋谷アイネ
廣畑博哉	1983年	1987年	ホテルサンレオン3
澤田仲洋	1983年	1989年	ホテルサーフィン
近藤繁	1983年	1989年	ホテルエンゼル
藤田浩一	1985年	営業中	ホテル・ラ・フォーレス
大島隆	1985年	1989年	ホテル008
大屋庄作	1986年	営業中	ホテル TWO-WAY
中島均	1987年	営業中	ディキシー・イン
小坂智津子	1987年	営業中	ホテルシェヌー
加賀屋浩吉	1989年	営業中	ホテルホワイト BOX

表1－5　経営者名簿（円山Ⅱ地区）

名　前	創業年	廃業年	ホテル・旅館名
佐藤エミリ	不明	1989年	クィーンホテル
小林和子	不明	1969年	米林
美山アイ子	不明	1992年	みやまホテル
堀文子	不明	1965年	ホテルメトロ
島倉節	不明	1961年	玉起
長谷川了子	不明	1991年	ホテルはせがわ
山口長三郎	不明	1974年	山口旅館
佐野鐐太郎	不明	1971年	旅荘佐楽
田口守助	不明	1973年	旅館田口
長谷川富治	不明	1991年	ホテルはせがわ
吉田力	1961年	1983年	吉田
杉下茂一	1961年	1987年	ホテル竜水
松島良一	1961年	1975年	松島ホテル
島田敬子	1964年	1991年	ホテル三喜荘
島田宗保	1964年	1991年	ホテル三喜荘
杉山一郎	1965年	1966年	錦潟
藤井美恵子	1965年	1967年	ふじ井
堀文子	1965年	1997年	ホテル山水
田中義夫	1965年	1981年	新水
吉原喜久江	1966年	1975年	鈴美
遊長朝子	1967年	1975年	大喜
森田まさ江	1967年	1969年	守田
田口達雄	1967年	営業中	ホテルプリンセス
田口守助	1967年	営業中	ホテルプリンセス
小坂美千子	1969年	営業中	ホテルニュー白川
西川フサ子	1969年	1975年	ホテルニッポン
長沼一夫	1973年	1977年	みかど
田口達雄	1973年	1993年	ホテルユートピア
長島喜代子	1973年	1979年	ホテルゆか里
有賀千晴	1975年	営業中	ホテルハイネス
有賀晴光	1975年	営業中	ホテルハイネス
松田真一	1975年	1980年	ホテルサボア

鈴木昭夫	1975年	1983年	ホテル望
松島良一	1975年	1987年	ホテルスイス
木村義夫	1977年	1985年	ホテルファンタジー
外尾勝那翁	1977年	1981年	旅荘つくし
長島喜代子	1979年	1983年	旅荘輪島
金城秀晃	1980年	2001年	ホテルジャイアント
赤池芳明	1980年	2001年	ホテルジャパン
小林一彦	1981年	1987年	ホテル勝むら
山内治代	1983年	営業中	ホテルサンレオン１
山内治代	1983年	営業中	ホテルサンレオン２
石井哲夫	1983年	1987年	ホテルＺ
石井美代子	1985年	営業中	ホテルリオス渋谷
平山勝良	1985年	営業中	ホテルル・ペイ・ブラン
中川記雄	1985年	1991年	ホテルワンスモア
堀口麗子	1987年	1998年	ホテルクリスタル
杉下三勇	1987年	営業中	21センチュリー
長嶋正雄	1987年	1993年	ホテル花壇
星野秀夫	1987年	営業中	ホテルノエル
小林一彦	1987年	営業中	ホテル BEST-1
高野八千代	1987年	1989年	ホテルアイドル
松島好則	1987年	営業中	ホテル03
服部民雄	1987年	営業中	渋谷の街の物語
高野八千代	1989年	1993年	ホテルエルパティオ
林冠栄	1989年	営業中	ホテルパッション
美山欽博	1992年	営業中	ホテルグリーンヒル
高橋澄	1993年	1997年	ホテルみかん
島田靖博	1997年	営業中	ホテルフェスタ
高橋澄	1997年	1999年	ホテル EFX
堀昭夫	1997年	営業中	ホテルルミエール
山口久浩	1999年	営業中	ホテルファーブル
高橋澄	1999年	営業中	ホテルいちごミルク
金子正顕	2001年	営業中	ホテルラ・ミッシェル
矢野明	2002年	営業中	ホテルカリビアン

表1－6　経営者名簿（道玄坂２丁目）

名　前	創業年	廃業年	ホテル・旅館名
千葉みなせ	不明	1983年	風柳本館
野津喜女子	不明	1967年	旅館柳荘
森本多喜子	不明	1973年	森本
岡田登亀代	不明	1969年	八重垣
関口君子	不明	1963年	ほてい荘
大塚喜代子	不明	不明	水月
庄司キエ	不明	1965年	かつら
内山ヒデ	不明	1977年	旅荘二幸
戸谷サク	不明	1962年	旅館松島
山中やす	不明	1993年	ホテルツクバ
宇田川政治	不明	1961年	凪色
橋本理介	不明	1987年	高田旅館
塚田利夫	不明	1971年	旅館千代の家
玉野秀次郎	不明	1978年	旅館小花
加藤治	不明	1995年	渋谷聚楽
一寸木連之助	1960年	1984年	旅荘一村
一寸木雪	1960年	1984年	旅荘一村
森山久吉	1961年	1973年	道玄宿
千葉栄五郎	1961年	1985年	風柳別館
宇田川政治	1961年	1963年	なぎむら
佐久間雅夫	1962年	1967年	旅館みゆき
岩崎志奈	1963年	営業中	ホテル円山
松森均	1964年	1971年	旅荘湯の島
飯島哲夫	1965年	1971年	若葉
池上正義	1969年	1987年	旅荘池の家
安田芳栄	1971年	1985年	ホテル太陽
小黒敏雄	1971年	1977年	ホテル市峰
早川文健	1971年	営業中	ホテルローレル
早川君子	1971年	営業中	ホテルローレル
近藤繁	1971年	1986年	ホテル渋谷苑
鈴木敏雄	1971年	1986年	ホテルガラスの城
永野常吉	1971年	1989年	ホテル美吉
渡辺ハナ	1973年	1982年	旅館越路
大塚哲雄	1973年	1988年	旅荘わかくさ
長谷川健二	1973年	営業中	ホテルロダン
山根次男	1975年	1987年	ホテル古都
萱場マサエ	1975年	1980年	ホテル智恵
嵯峨斉	1977年	営業中	ホテルサンエイト
長谷川小夜子	1979年	1985年	ホテルヨーロッパ

小宮美智子	1979年	営業中	ホテルカサンドラ
中村欧帰男	1980年	営業中	ホテルフィフティーンラブ
水島孝恭	1980年	営業中	ホテル南国
三浦幸子	1980年	2003年	ホテルイコー
志野幸八	1982年	営業中	ホテル幸和
増田義胤	1982年	1987年	ホテルクイーンパオラ
緑川信夫	1983年	1989年	ホテルケルン
千葉静子	1983年	営業中	ホテルサンロード
渡辺哲二	1983年	営業中	ホテルベルサイユ
服部民雄	1983年	営業中	ホテルイースタンワン
千葉栄夫	1985年	営業中	スタークレセント
千葉弘子	1985年	営業中	スタークレセント
加藤友康	1985年	営業中	ホテルカサディドウエ
安田芳栄	1985年	1993年	ホテルソレイユ
一寸木正夫	1985年	営業中	ホテル White City23
安田芳栄	1986年	1987年	ホテル YOU
津金求	1987年	営業中	プリンセス・ド・ギャル
池上正義	1987年	1996年	ホテル LA・bien
笠島宜男	1987年	1991年	ホテル CC シティ
増田美千代	1987年	営業中	ホテルイフ
橋本シサ	1987年	営業中	ホテル R-25
青柳みよ子	1987年	営業中	ホテルプチソレイユ
増田義胤	1987年	営業中	ホテルイフ
中沢勇司	1987年	営業中	ホテルエレガンス
中沢隆司	1987年	営業中	ホテルエレガンス
大小原里奈	1989年	1994年	ホテルローザロッサ
松岡利枝	1989年	営業中	ホテルモティ
馬場松雄	1991年	2002年	ホテルトップ渋谷
坂出孝	1991年	営業中	ホテルララ道玄坂
青柳みよ子	1993年	営業中	ホテルソレイユ
山中雅美	1993年	営業中	ホテルフォー・ユー
小原伸生	1994年	営業中	ホテル P&A プラザⅡ
田中寅雪	1996年	営業中	ホテル AVANTE
林隆久	1996年	営業中	ホテルプチホワイト BOX
小原伸生	1997年	営業中	ホテルアート
大升聖子	1998年	営業中	ホテルヴィラジュアリ
平井英和	2000年	営業中	ホテルレリーザ
平井英和	2000年	営業中	ホテルクレア
金根培	2001年	営業中	ホテルセラヴィ
松岡治郎	2002年	営業中	ホテル ZERO

表1－7　経営者名簿（松涛・神山）

名　前	創業年	廃業年	ホテル・旅館名
高畠常	不明	1961年	一休荘
雷ユリ	不明	1986年	ホテルエコー
待寺静子	不明	1987年	こだま荘
羽根田武夫	不明	1969年	石亭
山田金太郎	不明	1969年	ホテル山王本館
島田喜久	不明	1971年	みどり園
山田金太郎	1961年	1977年	ホテル山王別館
折尾一男	1962年	1971年	東京湯ヶ島ホテル
青柳邦彦	1964年	1977年	松濤苑
嘉茂恭輔	1968年	1988年	ホテルかもめ
嘉茂勝治	1968年	1988年	ホテルかもめ

表1－8　経営者名簿（代々木地区）

名　前	創業年	廃業年	ホテル・旅館名
小坂美千子	不明	不明	ホテル白川
大滝博子	1949年	営業中	景雲荘
横山義宏	1949年	営業中	景雲荘

表1－9　経営者名簿（宇田川・神南）

名　前	創業年	廃業年	ホテル・旅館名
高柳イワ	不明	1973年	旅館はるな
遠藤とし子	不明	1973年	旅館藤水
秋本ひで	不明	1983年	旅館秋元
樫村うめ	不明	1979年	ホテル黒岩
手島ミエ	不明	1977年	ホテル千春
岩崎時子	不明	1971年	旅館岩崎
勝山ひろ子	不明	1966年	渋谷ホテル
王孝子	不明	1963年	ふくや
小林康治	不明	1982年	旅館木更津
小原基邦	不明	1973年	ホテル飛龍閣
久保孝一郎	不明	1973年	ながさき
吉村満伝	不明	1971年	旅館よし村
野村俊三	不明	1963年	旅館青葉荘
成川正克	不明	1964年	千代田
有賀千春	1953年	1975年	旅館みすず
大石久美子	1961年	1975年	ホテル泉荘
古屋喜八	1963年	1987年	ホテル葵荘
暮地武治	1963年	1968年	なみよし
荒川善治	1964年	1973年	つたや旅館
蕭松芝	1965年	1967年	ワシントンホテル
斉藤いきの	1965年	1971年	旅荘雲仙閣
南原大輝	1966年	1983年	ホテル仙亭
豊島美保子	1967年	1981年	渋谷ヒルトップホテル
頼光裕	1967年	1985年	ホテルオリエント
番野利子	1969年	1975年	ホテルコスモス
増田倉之助	1969年	1973年	ホテル富士
小又純子	1971年	1973年	旅荘玉翠
高原重勇	1973年	1989年	ホテル美苑
安田宜生	1973年	1989年	ホテル美苑
姜善博	1973年	2000年	ホテルモンブラン
西原英一	1973年	1983年	ホテルロイヤル
仲田敏郎	1973年	1982年	ホテル虹
瀬間袈裟三	1975年	1981年	ホテル石庭
大石直人	1981年	1991年	ホテル Number2
金沢雅子	1983年	2001年	ホテル渚

表1－10　経営者名簿（渋谷1～3丁目）

名　前	創業年	廃業年	ホテル・旅館名
土山はま	不明	1967年	梅むら
小川千代	不明	1973年	三光
森昌子	不明	1971年	美竹別館
柳田寿々子	不明	1969年	清月
西館しか	不明	1965年	明月荘
大龍りやう	不明	1963年	たきや旅館
森静江	不明	1965年	あけぼの旅館
清水玖仁代	不明	1983年	旅館清水
若竹栄一郎	不明	1979年	若竹荘旅館
小野寺象治	不明	1967年	東横ホテル
塚田操	不明	1963年	朝風旅館
田中虎太郎	不明	1969年	音羽荘
一寸木連之助	1952年	1958年	豊仙閣
元勇	1961年	1987年	旅館美琴荘
元重治	1964年	1987年	ホテル美琴荘
小林喜代子	1967年	1973年	旅館聚苑
清水治子	1967年	1971年	しみづ
白石豊雄	1969年	1971年	ホテル宮益
白石富昇	1971年	1985年	ホテル香港
原元章明	1987年	営業中	ホテル美琴
原元すみ子	1987年	営業中	ホテル美琴
原元すみ子	1988年	営業中	ホテルウォンズイン
原元章明	1988年	営業中	ホテルウォンズイン
山口謙一郎	2001年	営業中	ホテルメッツ渋谷

表1－11　経営者名簿（恵比寿）

名　前	創業年	廃業年	ホテル・旅館名
松岡利枝	不明	1988年	一富士
竹谷とき子	不明	1988年	えびす旅館
湯浅福子	不明	1973年	宝屋
中山しげ	不明	1973年	光雲閣
橋本邦子	不明	1971年	はし本
有馬田鶴子	不明	1971年	生駒旅館
増野まさ	不明	1971年	名美
高橋フミ	不明	1965年	いさみ荘
稲葉ひで	不明	1964年	三潮
広瀬きよ	不明	1964年	伊達
鈴木ときこ	不明	1961年	恵比寿園
東郷千代	不明	1961年	山下旅館
山中やす	不明	1989年	筑波旅館
南川武彦	不明	2002年	旅館大坂屋
宮腰賢一郎	不明	1997年	ホテル恵比寿
木塚昭次	不明	1969年	明石
小林金吾	1963年	1981年	ホテルえびす泉景
井上成作	1969年	1973年	白雲荘
徳原徹治	1993年	営業中	ホテルセピア
玉井英一	1999年	2002年	ホテルシェスタ

建ってるのは、料理屋風の体裁で、真ッ赤なペンキで、温泉マークを描いた看板を掲げ、御休憩何百円と、大書してあったりした。

「みんな、ツレコミ宿ですぜ。東京、至るところに、これがある。あの三本の赤い湯気が、その標識です。あのマークが、戦後の風紀を、如実に物語っとるです。なんという世の中に、なったものかね。南村さん、わしァ、国民全部が、サカリがついたような気がして、ならんがね……」

加治木は、従来のまん中で、慨嘆した。やがて、旅館が見当らなくなると、シモタ屋街になり、

「この歯医者が、あんた、温泉マークの後始末を、つけるんですぜ……」

加治木が、ヘンなことをいった。

「そういう場所では、甘い物でも、沢山食うのかね」

「バカいっちゃ、いかんですよ。歯医者の看板出して、ダタイやっとるんですよ」

五百助は、おかしくなった。

（獅子文六『自由学校』新潮社、一九五三年）

ここでのツレコミ宿（連れ込み旅館）のキーワードは、「料理屋風の体裁をした新築の家」「温泉マーク」「御休憩何百円」である。この頃の「連れ込み旅館」が料理旅館も兼ねていたことは前節で述べた。では、「料理屋風の体裁をした新築の家」に変わるまでの「安価な商人宿」とはどういうものだったのだろうか。

安価な商人宿

ラブホテルを全国に広めたアイネグループの名誉会長であった故・小山立雄氏は、もともと簡易旅館と呼ばれる安価な商人宿を経営していた。戦後から簡易旅館の経営を始めた小山氏に戦前からの様子を語ってもらった（二〇〇七年五月一〇日、五月一四日インタビュー）。

「戦前は我々は一般の簡易旅館を利用していましたね。簡易旅館はお部屋が五部屋以上あればよかったの。四畳半の広さで、部屋が五つあれば簡易旅館としてＯＫされてたの。お風呂とかもなしでね。旅館だから、その時は大体が宿泊という形だったね。

昼間行っても宿泊になるんだけれども、料金が安いからね。まあ要するに、宿泊で行っても早く帰ってしまう人もいた。料金は五十銭とか…一円というのはなかったね。我々が学生時代にそういうところに行っても、五十銭以上はなかったね。連れ込み旅館という言葉も、使われるようになったのは戦後ですね。だからプロが入るところは小料理屋旅館。

簡易旅館というのは、だいたい駅の近くとか裏通りとか、規模は小さいけどねそういう風なところがほとんどラブホテルとして使われていた。簡易旅館の場合は、プロと入る場合もあるけど、素人同士が使うというのもありましたね。

我々が使う場合には、ほとんど簡易旅館。戦前のホテルは、ホテルと旅館と簡易旅館という三つに分かれてた。ホテルというのは洋室で、八室以上とか、面積の広さも決まってたんだけどね、簡易旅館は五室で四畳半あればいいというわけだから、本当に簡易だったの。それで、我々はそういうところしか使わなかったというか、そういうところのほうが便利なわけね。駅の裏通りとか小さな構えの旅館で、そういうところだと出入りするのに目立たないしね。戦後は焼け野原になったから、今度はホテルも別の意味で必要になってきた。人口も増えてきたし、そういうことで、部屋を必要とするわけ。それで、新大久保の辺りでは簡易旅館がわんわんと出来てきたの。」

小山氏は一九五五年に新大久保で簡易旅館の経営に乗り出す。戦後の簡易旅館は、商人宿としての色が濃かったという。小山氏の自伝からその時の様子が書かれた箇所を引用したい。

ベッドハウスというのは、簡易宿泊旅館のこと。もっとわかりやすくいうと、当時、そこは日払いで一泊五〇円だったから、大衆は「五〇円旅館」とも呼んでいた。上下二段式のベッドでもあったので、業界ではちょっと気どって「ベッドハウス」と名づけていたのである。

朝鮮戦争の特需でだいぶ経済は復興していたが、日本はまだ住宅難の時代だった。住むところも寝るところもない人たちが、ベッドハウスの前に集まってきていたのである。

その光景を見て私は、

「これならおれにもできる！」

と直感的に確信した。目の前の視界が、急にパッとひらけた気がした。

なぜなら、この商売はお客さんを待っているだけでいいからだ。私の苦手なセールスをする必要がいっさいない。お客さんが自分からやってきてくれて、決まった金額の金をただ置いていってくれるわけだから、カケヒキの必要もない。

すぐにその仕事が気に入った私は、二〇〇坪とわりに広かった自宅兼不動産会社のあった幡ヶ谷の土地を、すぐに売り払った。

その金をモトデに新宿の百人町、いまの新大久保のあたりに四五坪の土地を買って、ベッドハウスを造り、妻ともどもそこへ引っ越した。それが私の宿泊業の最初である。

昭和三〇年（一九五五年）、私が二九歳のときに初めてオープンしたベッドハウス、つまり五〇円旅館は、定員七五名で、「大丸旅館」と名づけた。

これは住宅兼用で、妻と私とお手伝いの三人で働き、寝るヒマがないくらいの忙しさだった。いつも満員御礼だったので、単純計算すると毎日七十五人×五〇円＝三七五〇円、まあ約四〇〇〇円くらいが日々入ってくる。電気代、水道代、そしてお手伝いさんの給料その他（金利も含む）の諸経費を差し引いても、半分以上が利益だった。

ということは、土曜日も日曜日も営業しているから、一日の儲けが最低でも半分の二〇〇〇円と計算すると、二〇〇〇円×三〇日＝約六万円が毎月の利益になったことになる。

この六万円という価値を考えるのに、当時は大学出の初任給がちょうど平均一万円になったときだから、その六倍と考えたらわかりやすいだろう。

この一号店の大成功によって、三年後の昭和三三年（一九五八年）、同じ新宿百人町のすぐ近所に今度は四六坪の土地を購入し、二号店のベッドハウス「みくに荘」をオープンした。

ここも経営が順調に推移したので三年後の昭和三十六年（一九六一年）、今度は「みくに荘」を思い切って大きくし、定員一七四名、すなわち一気に三倍以上にスケールアップを考えた。

同時に、「みくに荘」を「有限会社千曲産業」と改称して経営を拡大強化し、近代化を果たしたのである。

（小山立雄『ラブホテル一代記』イースト・プレス、二〇一〇年）

ベッドハウス、いわゆる商人宿で成功した小山氏は、この後埼玉にモーテルを作り（モーテルに関しては第三章で述べる）、後にラブホテル業界のトップに君臨する。

このように、簡易宿泊施設を経営して儲けた後、それを元手に新しい旅館を建て、それが後に「連れ込み旅館」になっていったという形も多かった。

温泉マークとさかさくらげ

カップル客のニーズに沿う形で変化した宿は「連れ込み旅館」と呼ばれていた。しかし、連れ込み旅館は「連れ込み専用です」という看板を掲げていたわけではない。そんな「連れ込み」を表すものとして広まったのが、温泉マーク（さかさくらげ）である（図1-7）。

日本温泉協会によると、温泉マークは明治時代に当時の内務省の地理調査などで（温泉を表す地図記号として）使用され、「最もわかりやすい形」として、明治後期頃現在の形になったという。しかし、それ以前（一六六一年）に出された「上野国碓氷郡上磯部村中野谷村就野論裁断之覚」という江戸幕府の判決文に添付された地図に温泉マークがあったという説や、別府温泉のPRとして油屋熊八という別府観光の祖が発明したという説があり、その由来は定かではない。

辞書に温泉マークという言葉が初めて登場したのは一九五八年である。

おんせんマーク…〔温泉マーク〕①温泉を示す印。丸い湯ぶねに、三すじの湯気の立ちのぼっている。②連れこみ客や、売春婦などに多く利用される旅館。（『新版広辞林』三省堂、一九五八年）

ここでは、温泉を示す印と、連れ込み客や、売春婦などに多く利用される旅館の印という、二つの意味があると説明されている。

温泉マークは、くらげを逆さまにしたようなマークであることから、さかさくらげとも呼ばれ、「連れ込み旅館」は、温泉マークやさかさくらげと呼ばれるようになった。一般的な辞書にはさかさくらげの項目はほとんど見当たらず、唯一、日本国語大辞典のみ、その項目があった。

図1－7　温泉マーク（さかさくらげ）

さかさーくらげ【逆海月】〔名〕（温泉マーク♨をさかさまになったくらげと見立てて）連れこみ旅館をいう俗語。

（『日本国語大辞典　第一版』小学館、一九七五年）

温泉マークは、本来の意味と、男女が同伴で入る宿との意味があるため、辞書に取り上げられているが、さかさくらげになると、本来の温泉マークの意味はなくなり、「連れ込み旅館」を直接指す言葉にあたるので、辞書からは敬遠されていたのだろう。

下川の聞き取り調査（一九九八、一五〇～一五三頁）によると、温泉マークが初めて用いられたのは一九四八年であるという。大阪の小林和一氏が空襲で焼け野原となっていた大阪・難波に『大阪家族風呂』という旅館を作り、その看板に♨マークを描いたというのがきっかけらしい。小林氏は水たまりで行水しているような夫婦に、二人っきりでゆっくり風呂に入らせてやりたいという思いで『大阪家族風呂』を始めたが、それが当時の若者達に大ヒットしたという。夫婦よりもセックスしたくてたまらない若者が行列を作り、それから市内にあちこちと旅館ができ、どの旅館にも♨マークがつくようになったということであった。

下川の聞き取りをはじめ、花田一彦（一九九六、三四頁）や鈴木由加里（二〇〇二、一一四頁）も、小林氏の話を元に、温泉マークは一九四八年に風呂付の旅館の目印として使われるようになったとされている。しかし、温泉マークが初めて旅館につけられたのは一九四八年ではない。

新聞広告のなかの温泉マーク

一九四八年以前から、風呂付の旅館の目印として温泉マークが使われていた。大阪の地方新聞である『大阪日日新聞』が夕刊専売紙として復活した一九四六年の広告欄には、すでに温泉マークを掲げた旅館の広告が掲載されている（図1‐8〜11）。

『大阪日日新聞』は、一九一〇年に『帝国新聞』として創刊し、一九一二年に現在の題号となる。一九四二年に太平洋戦争による新聞の統廃合令に伴い、『夕刊大阪新聞』に統合する形でいったん休刊するが一九四六年には夕刊専売紙として復活。戦後、大阪府に発行拠点を置く地方新聞はすべて夕刊で発行されていたが、その中でも一番歴史がある新聞として定着している。

『大阪日日新聞』に掲載されたこれらの広告は、温泉マークを掲げているという点では共通しているが、本当の温泉旅館かどうかは定かではない。

「美濃吉」の広告には、店名・住所・電話番号と「旅館」という文字しか書かれていない。しかし、それ以外の広告には、他の情報が記載されている。

「一心」は、温泉ではなく「温泉料理」をアピールしている。小室が多数あることと、結婚や宴会と共に「商談」ができるということは、暗に連れ込み利用もできることを謳っていたのかもしれない。二五歳までの芸者と仲居を募集しているのも、女給として客の相手をさせていた可能性がある。

商談という文字は「松乃井」の広告にも見かけられる。商談は一人ではできるものではなく、一晩中するものでもない。したがって「商談できます」ということは「一人以上」のお客さんに「時間貸しし

図1－8 「一心」の広告
（出所）『大阪日日新聞』1946年４月７日。

図1－9 「温泉旅館さくら」の広告
（出所）『大阪日日新聞』1946年４月23日。

図１－10 「松乃井」の広告
（出所）『大阪日日新聞』1946年６月４日。

図１－11 「美濃吉」の広告
（出所）『大阪日日新聞』1946年６月29日。

ます」ということである。

「温泉旅館さくら」にいたっては、「商談に」と共に「御休息に」という文言が登場している。「御休息」は現在の「ご休憩」という意味であるとも考えられる。

いずれにせよ温泉マークは、すでに一九四六年の時点で広く利用されていたのである。

老舗温泉の温泉マーク

先に取り上げた温泉マークの広告では、それが本当の温泉旅館であるかどうかわからない。では、本当の温泉旅館、すなわち「連れ込み」利用もできるけれども、「連れ込み専門」にはならなかった旅館は、どういう形で広告を出していたのだろうか。

その例としてここでは、老舗温泉として七〇年間営業し、一九九一年に閉業した「ひらかた温泉」の広告を見てみたい（図1－12）。

これらは、一九四六～四八年にかけて『大阪日日新聞』に出された「ひらかた温泉」の新聞広告である。年間を通して広告のデザインは変わっても、温泉マークだけは必ず付けられており、温泉旅館を表すマークとして「♨」が用いられていることがわかる。

ひらかた温泉は、大正時代に設けられた療養所の土地二〇〇〇坪を購入して建てられたレジャー施設で、旅館や浴場はもちろんのこと、料亭、遊戯場、芝居小屋まであった温泉旅館だった（「広報ひらかた」枚方市市長公室広報課、二〇一二年一月号）。

図1-12　「ひらかた温泉」の広告

①　（出所）『大阪日日新聞』1946年４月５日。

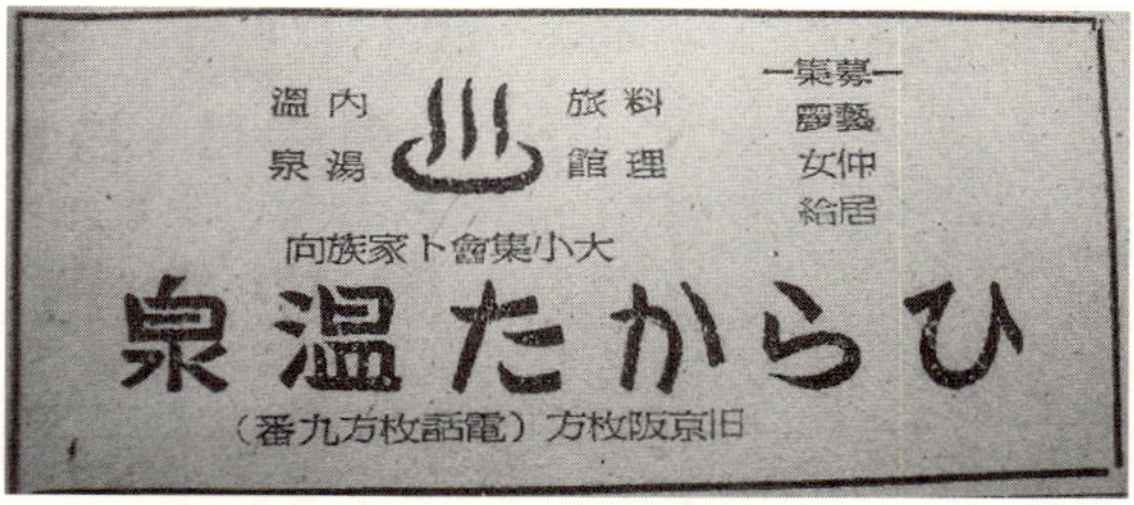

②　（出所）『大阪日日新聞』1946年４月19日。

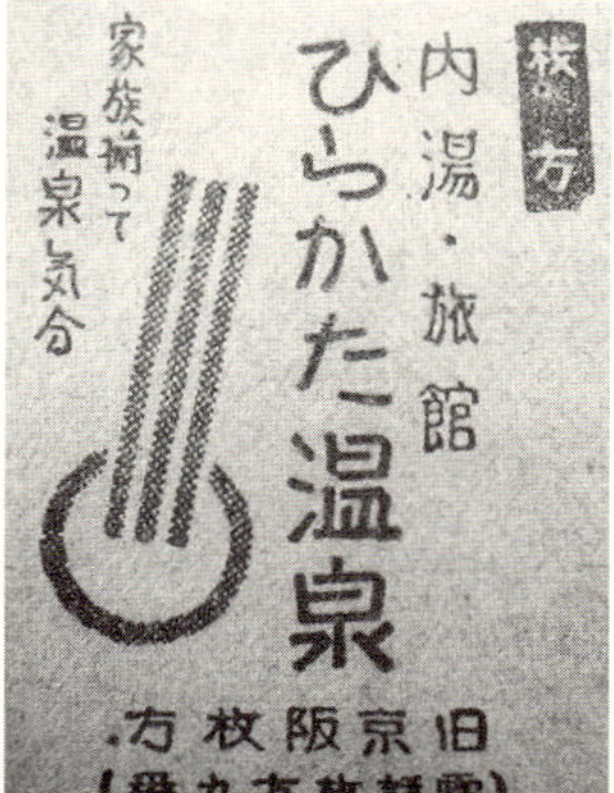

③　（出所）『大阪日日新聞』1946年７月２日。

④ （出所）『大阪日日新聞』1946年９月16日。

⑤ （出所）『大阪日日新聞』1946年12月６日。

⑥ （出所）『大阪日日新聞』1947年１月９日。

⑦　（出所）『大阪日日新聞』1947年３月19日。

⑧　（出所）『大阪日日新聞』1948年７月８日。

「ひらかた温泉」の最初に出された広告①と次に出された広告②を見比べてみると、「インフレ抑制価格　気分満点」と書かれていた箇所が「大小集会ト家族向」に変わり、その後の広告には、必ず「家族連れに」という言葉が記載されている。大幅にデザインが変わった⑧の広告では「のんびりと家族連れで」という言葉はすでにキャッチコピーになっている。

規模や併設施設を考えると、「ひらかた温泉」は連れ込み旅館ではない。しかし当時は、「家族向き」と記載しなければ「連れ込み旅館」との区別がつかなかったのかもしれない。

本来の温泉マークへ

温泉マークは当初、風呂付の目印であった。それが風呂も入り、セックスもできる空間として利用されるようになった。それは、もともと風呂付の旅館だったものを利用者が変え、風呂を表すマークだった温泉マークがセックスを表すマークとしても機能するようになったということである。

一九五〇年頃から、温泉地とくに都会に近いところは、慰安の場というより享楽の場となり、それなりに旅館も設備も整えた。そういった温泉旅館での享楽の気分を一つのイメージ・アップの要素として、都会のホテルが温泉旅館を装う。戦後は旅館での臨検がなくなったので、ホテルや旅館の室内はプライベート・ルーム的な性格が強くなり、情事にも好都合となっていた。こうして一部のホテルや旅館が温泉旅館的な享楽のムードを売りものにして、情事のための客を当てこむようになったところで、♨マークがあらわれる。

（石子順造「非公式のシンボル」『石子順造著作集』喇嘛社、一九八七年）

これは、温泉マークが享楽の場のイメージアップの要素として利用されるようになったという記述である。一九五〇年頃は、温泉マークはすでに関西では性的な要素も含めて広く使われていた。それが逆に、享楽の場のイメージアップのために使われたということから、温泉マークは実際の温泉旅館と連れ込み旅館の中で、まだまだ混同していたということである。

「連れ込み」利用ができることも暗に宣伝できる温泉マークは、経営者にとっても非常に都合のよいマークだったのではないだろうか。

「連れ込み旅館」というあまりに露骨な呼称に比べて、温泉マークは呼びやすい。その温泉マークから、さかさくらげという呼称が生まれたのも、二重の意味を持った温泉マークをよりわかりやすくする意味もあったのだろう。

私が〝熱海〟という旅館を開業した昭和二八年には、♨マークはセックスのイメージが露骨過ぎて女性に嫌われるといって、看板からはずそうとする業者もいたくらいですから……実際にはこのマークがないと客が入ってくれないので、またつけましたけどね。

（下川耿史『極楽商売　聞き書き戦後性相史』筑摩書房、一九九八年）

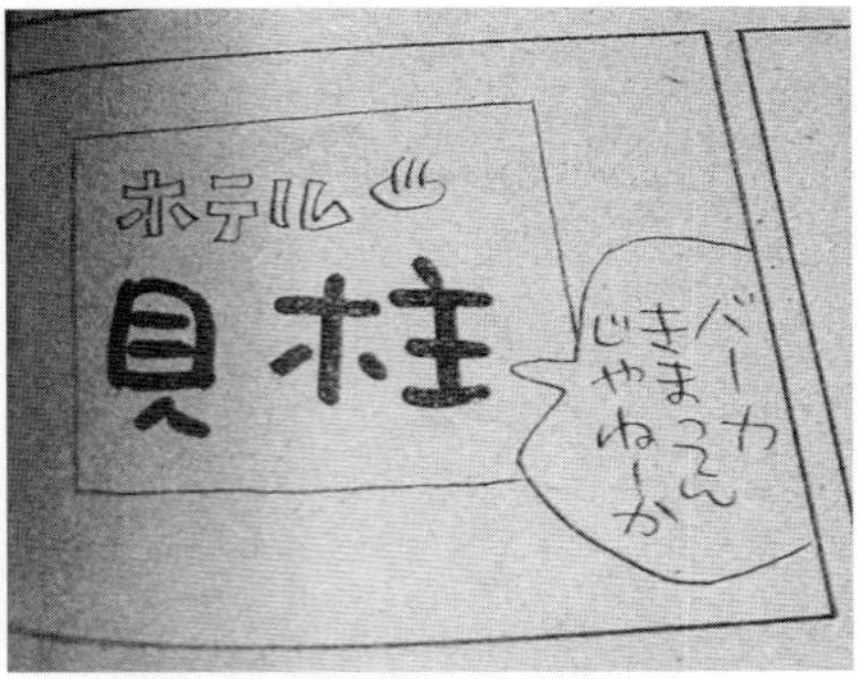

図1－13　漫画に描かれた温泉マーク
温泉マークは「連れ込み宿」の目印として使用されていた。
（出所）　多々良圭「タララくん」『週刊大衆』双葉社，1974年12月19日。

最初カモフラージュとして使われていた温泉マークは、広がりすぎた結果、逆にセックスを露骨に表す目印に変わってしまった（図1－13）。

そこで、本家の温泉旅館から、温泉マークをはずそうという動きが出てきた。都内の一部の温泉旅館組合では互いに申し合わせて、旅館の標号や広告に温泉マークを使うことをやめた。イメージの問題もあったが、温泉マークを使っていることで、売春を防止する法律の対象とされるようなことを極力さけたいとする動きであったと考えられる。

そんななか、一九五五年に「連れ込み旅館」に温泉マークを使用することは禁止される。地図記号としての温泉マークも、一九七六年七月に廃止され、湯気の部分が直線になる（図1－14）。同年に日本温泉協会でも、天然温水表示マークが制定された（図1－15）。

これは「天然温泉表示マーク」といいます。温泉のマークといえば、湯気がゆらゆらと立ちのぼるものがよく知られていました。一時期の地図、また広告、看板などに温泉をあらわすマークとして描かれていましたが、戦後、このマークが温泉以外の享楽的な風俗営業施設などに乱用されだし、本来の温泉マークとまぎらわしくなってしまったため、昭和五一年に日本温泉協会が制定いたしました。つまり、温泉法に規定された本当の温泉を示すマークということです。

（温泉利用共同組合ホームページ http://www.toyakospa.com/onnsenn/onsenmark.htm）

『現代用語の基礎知識』では、温泉マークという言葉は一九六〇年に初めて登場する。第二次世界大戦終了後の一九四八年に、『自由国民』第一四号として時局月報社から発行された『現代用語の基礎知識』は、新たに民主主義的な制度改革が行われるとともに世相も変転し、GHQ関連などの新しい風俗や言葉が次々に生まれる時代に、辞書より早く確実に新語・流行語に対応できるよう創刊された。創刊以来、毎年改定を加えられている。

図1－14　温泉記号

図1－15　天然温水表示マーク

温泉マーク…昭和二十七年〔一九五二〕社会風俗　さかさくらげ　温泉マークの♨がちょうどくらげをさかさにしたような形なので、この名がある。特に戦後はいわゆる連れ込み宿がはんらん、一応は♨を看板にしているが、みな普通のわかし風呂の怪しげな連れ込み宿で、戦後風俗ナンバーワンというところ。

（『現代用語の基礎知識一九六〇年拡大版』自由国民社、一九六〇年）

そして、この項目は、温泉マークが廃止された一九七六年の翌年に姿を消した。

図1－16　温泉マークが使われたポスター
JRが作った九州のポスターでは藤井フミヤが「九州にはよその地図より♨マークが多い」ことにほっとしている。

この頃になると、洋風の外観の連れ込みホテル、ラブホテルと呼ばれる建物が蔓延し、そうしたホテルは、外観イメージからも温泉マークや、さかさくらげとは呼ばれなくなっていた。後章に登場するデラックス化されたカップル専用のホテルは、温泉マークをつけなくとも、客が区別できるような外観であった。

そして、温泉マークは本来の温泉を示すマークへと戻っていったのである（図1－16）。

「西淀温泉」の広告

旅館の広告を見たとき、場所・値段から「高級旅館」と「小旅館」または「簡易旅館」の区別はつく。しかし、「温泉旅館」と「温泉マークを付けた連れ込み旅館」の区別はつきにくい。

前節の経営者のインタビューにもあったように、昭和初期の小旅館の客層はカップルと労働者が混ざっていたため、宿側もはっきりと区別していなかった。それらが、だんだんと「連れ込み専門」になっていくまでの過程を広告の変化から見ていきたい。

一九五一年の『大阪日日新聞』に「西淀温泉」の広告が登場した（図1-17）。大阪市福島区海老江と西淀川区姫里を結ぶ淀川大橋近くにあった「西淀温泉」の広告は、最初はいかにも温泉らしい広告であったが、直後から急速に変化する。日を追うごとにホテルという文字が大きくなり、一〇月四日には一泊料金が表示されるようになる。また「鉄筋コンクリート三階」と記載されていることから、この時期に木造から鉄筋に建て替えた可能性がある。それと同時に「昼間室料二〇〇円ヨリ……」という新しい時間料金が設けられている。

二カ月後の一二月には「西淀温泉」が「西淀ホテル」に変わり、「ホテルの方も場末乍らお陰様で大分上品になりました」とアピールされている（図1-18）。外観がホテルのようになったということだろうか。

一九五二年は、広告に大きな変化がみられる年である。

まず、「ホテル西淀」が「割烹西淀」に、その後すぐ「西淀ホテル」に変わる（図1-19）。このホテルは「西淀」という名前を残して、前後に何かを付けるという特徴がある。ホテルを前に付けていたのは、ホテルという作りをアピールしていたのだろう。それが一瞬割烹に変わり、「西淀ホテル」という後にホテルが付く名称で定着した。鉄筋作りのホテルが次々と建てられ、ホテルという作りよりも、どのホテルかをアピールする時代の流れを読み取ったのだろうか。

六月二三日以降からは宿泊利用と昼利用の時間設定が表示され、御一泊（日没より翌正午迄）、昼間（昼間）御室料（夜八時迄）・（夜十一迄）と、時間がきっちり区切られるようになった（図1-20）。

図1-17 「西淀温泉」の広告

（出所）『大阪日日新聞』1951年10月1日。

（出所）『大阪日日新聞』1951年9月8日。

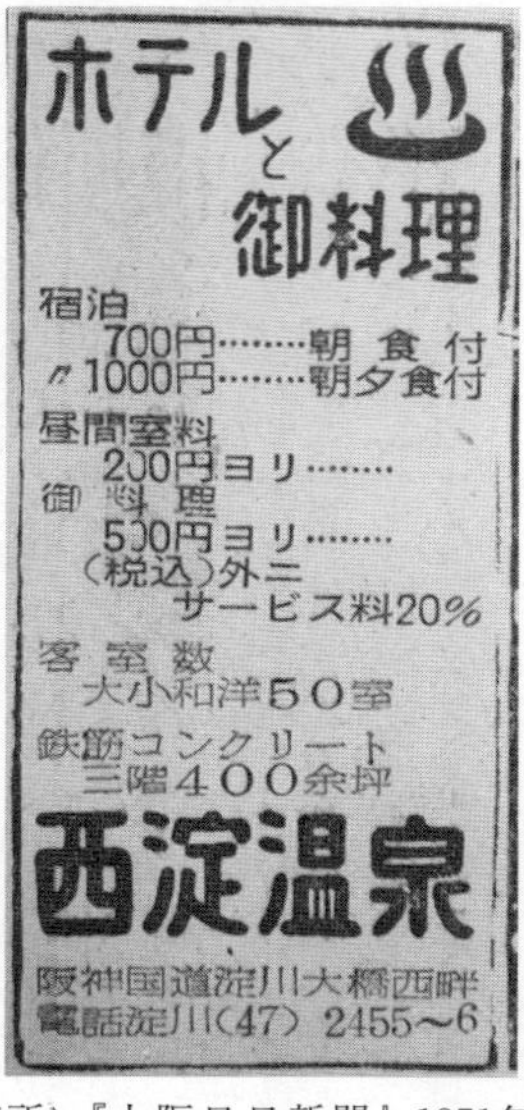

（出所）『大阪日日新聞』1951年10月4日。

（出所）『大阪日日新聞』1951年10月2日。

また七月には、「上品で御経済的で顔のさ、ぬ」という宣伝文句が登場し、「連れ込み」客を意識し始めた傾向がうかがえる。

五月二二日の「割烹」、八月には名物の鰻がそれぞれアピールされていることから、「連れ込み」兼料理旅館として力を入れていこうとしたのかもしれない。

一九五三年は、料金が値上げされた。それまでの一泊六〇〇円が七〇〇円になり、朝食付きだと八〇〇円。「昼間（書間）室料」と記載されていた項目は「御室料」「御休憩」「御休み」に変わり、半額（おそらく宿泊料金の半額）と記載されるようになった。広告の文言が明らかに少なくなったことと、一〇月

図1-18　「西淀ホテル」の広告

（出所）『大阪日日新聞』1951年12月７日。

（出所）『大阪日日新聞』1951年12月28日。

図1-19 「西淀ホテル」の広告

（出所）『大阪日日新聞』1952年５月７日。

（出所）『大阪日日新聞』1952年５月15日。

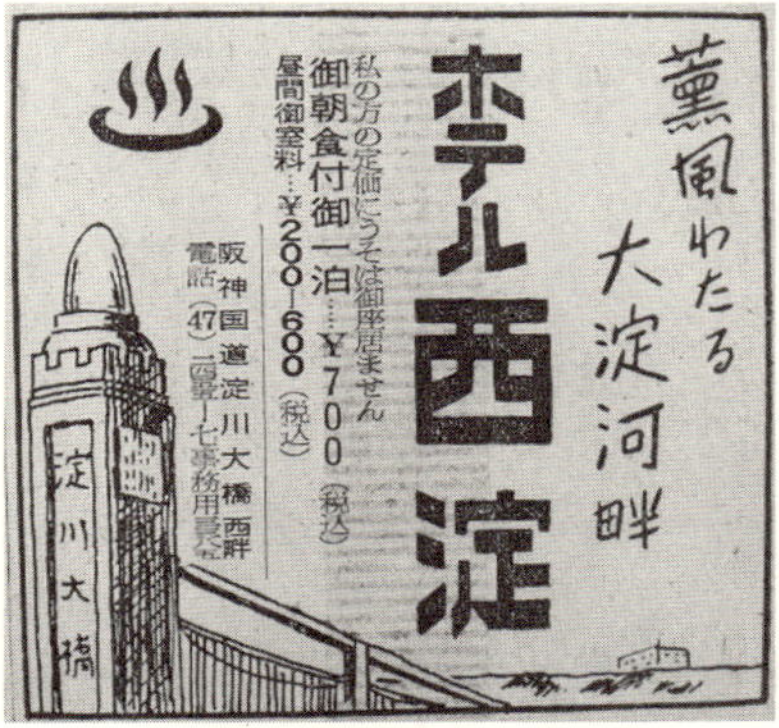

（出所）『大阪日日新聞』1952年5月27日。

（出所）『大阪日日新聞』1952年5月22日。

一九日、二六日には住所も電話番号も記載されていないことから、もうこの頃「西淀ホテル」はある程度の認知度があったのかもしれない。

ところが一九五五年になると、「御泊り」と「御休憩」のみ記載され、宿泊料金も八〇〇円から七〇〇円に値下げされる（図1－21）。しかし、休憩料金は四〇〇円と変わっていない。

料理中心にすると客が減り、宿泊料金の値下げを断行したということだろうか。休憩料金は値下げされていないことから、休憩利用の客は変わらず入っていたのかもしれない。翌年から「淀川ホテル（西淀ホテル）」の広告は一切見られなくなる。

図1-20 「西淀ホテル」の広告

西淀ホテル
場所が場所なら！
こんな広告なんか
しなくていゝんです
設備サービス御値段
どこ様と較べて頂いても……！
くれぐれも場所の
悪いのが口惜しいです
(御朝食付) 御一泊
……700円 (税込)
晝間御室料……
200円・600円 (税込)
阪神国道淀川大橋西畔
電話淀川(47) 2455—7
3385

(出所)『大阪日日新聞』1952年6月20日。

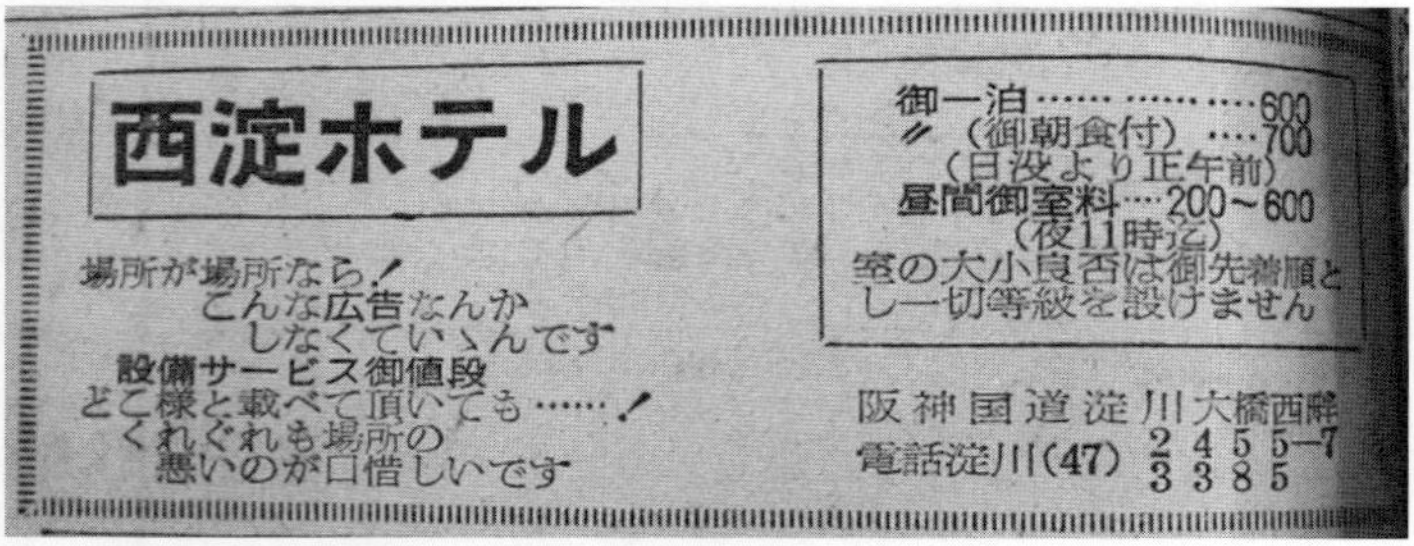
西淀ホテル
場所が場所なら！
こんな広告なんか
しなくていゝんです
設備サービス御値段
どこ様と較べて頂いても……！
くれぐれも場所の
悪いのが口惜しいです
御一泊…… ……600
〃 (御朝食付) ……700
(日没より正午前)
昼間御室料…200～600
(夜11時迄)
室の大小良否は御先着順とし一切等級を設けません
阪神国道淀川大橋西畔
電話淀川(47) 2455—7
3385

(出所)『大阪日日新聞』1952年6月23日。

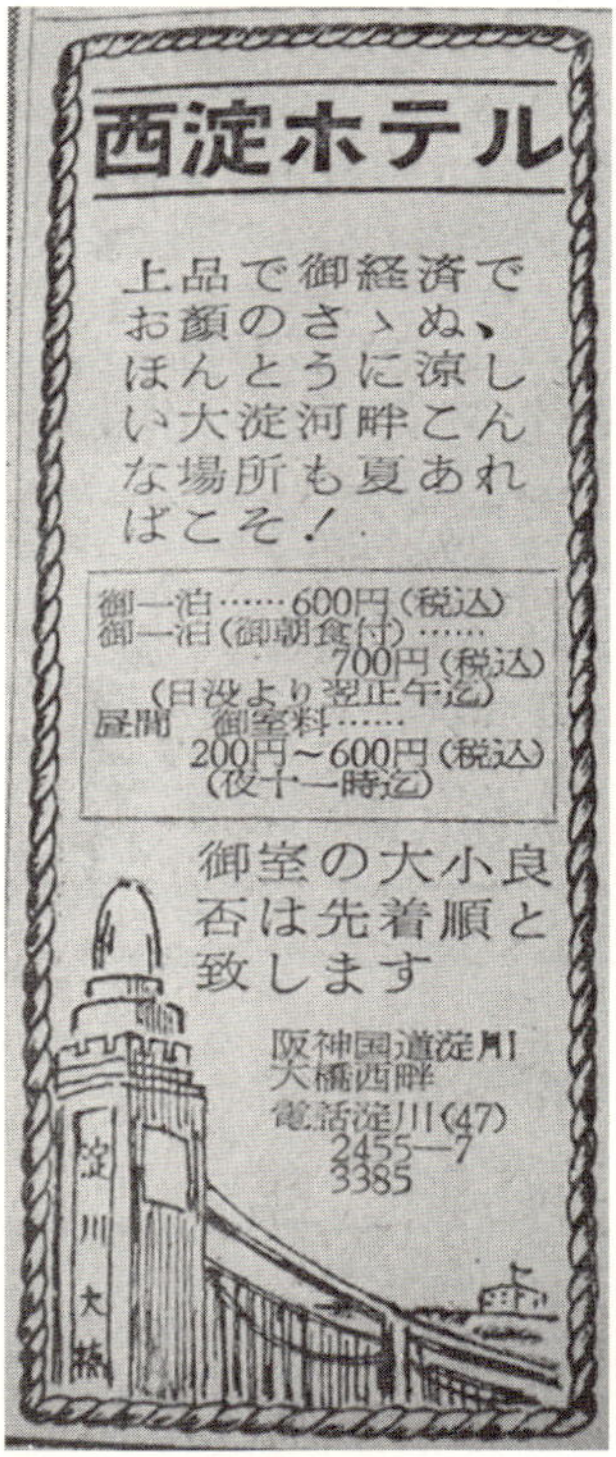
西淀ホテル
上品で御経済でお顔のさゝぬ、ほんとうに涼しい大淀河畔こんな場所も夏あればこそ！
御一泊……600円（税込）
御一泊（御朝食付）……700円（税込）
（日没より翌正午迄）
昼間　御室料……200円～600円（税込）
（夜十一時迄）
御室の大小良否は先着順と致します
阪神国道淀川大橋西畔
電話淀川(47)2455―7 3385
淀川大橋

（出所）『大阪日日新聞』1952年７月４日。

西淀ホテル
場所が場所なら！
こんな広告なんかしなくていゝんです
設備　サービス　御値段
どこ様と較べて頂いても……！
御一泊　600円
〃　（御朝食付）　700円
（日没より正午前）
昼間御室料　200――600円
（夜11時迄）
室の大小良否は御先着順とし一切等級を設けません
阪神国道淀川大橋西畔
電話淀川(47)2455―7 3385
淀川大橋

（出所）『大阪日日新聞』1952年６月27日。

西淀ホテル
場所が場所なら！
こんな広告なんかしなくていゝんです
設備　サービス　御値段
どこ様と較べて頂いても
御一泊　600円
〃（御朝食付）　700円
（日没より正午前）
昼間御室料　200―600円
（夜11時迄）
室の大小良否は先着順とし一切等級を設けません
阪神国道淀川大橋西畔
電話淀川(47)2455―7 3385
淀川大橋

（出所）『大阪日日新聞』1952年６月30日。

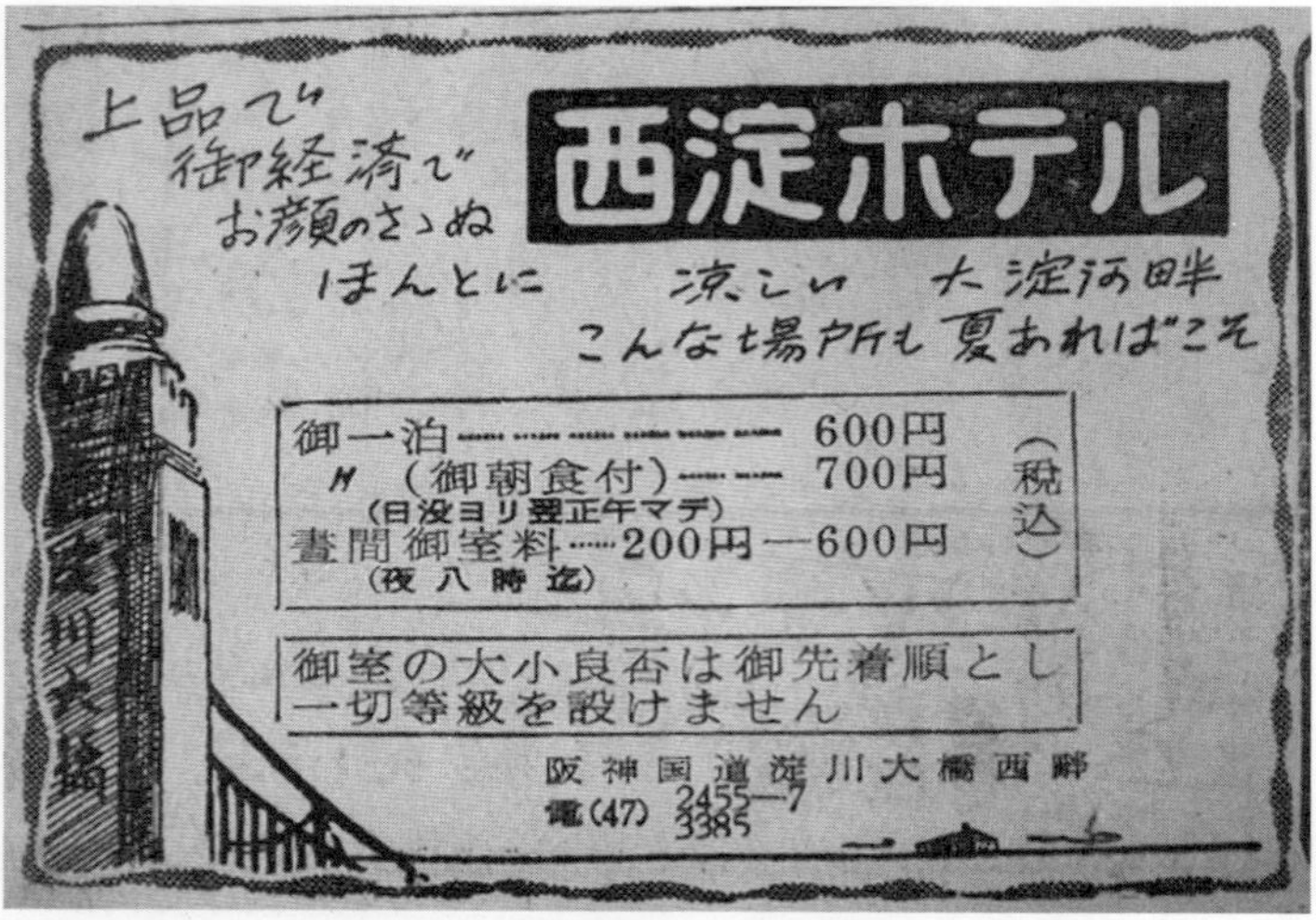

（出所）『大阪日日新聞』1952年７月７日。

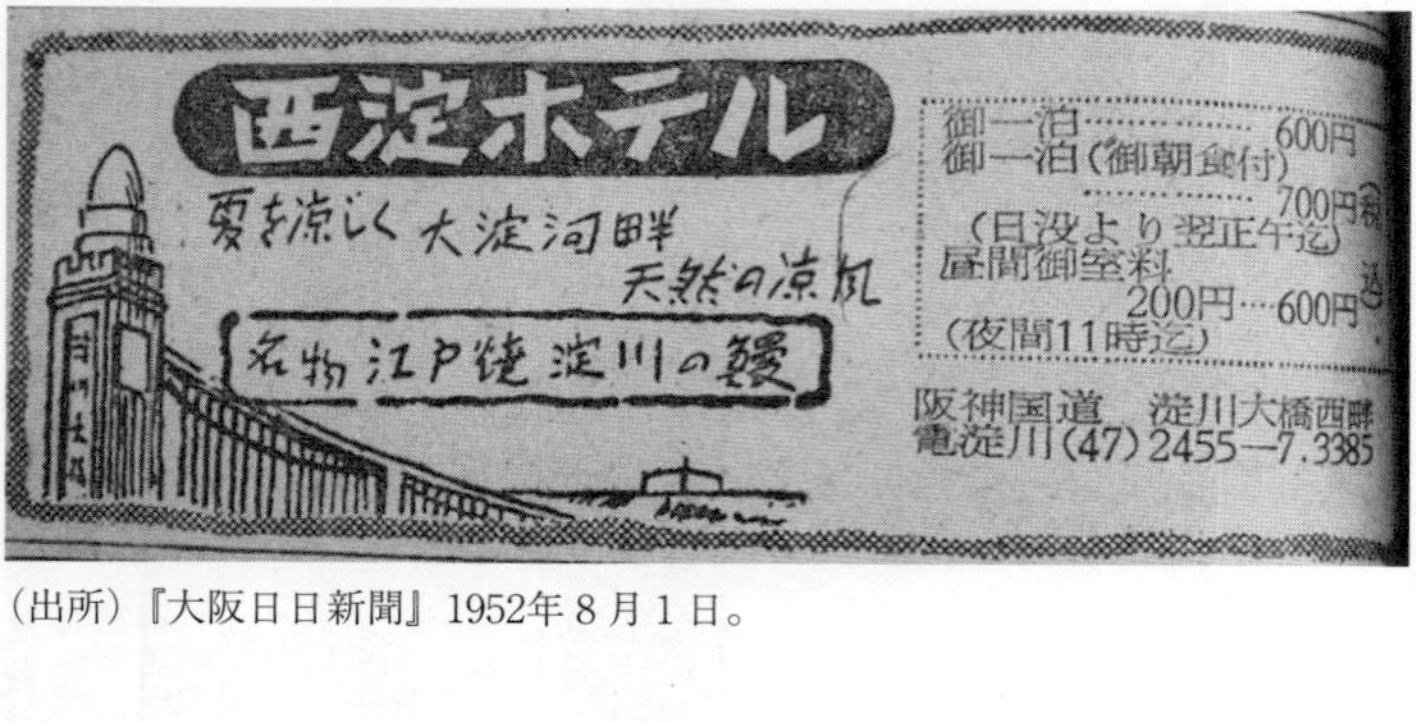

（出所）『大阪日日新聞』1952年８月１日。

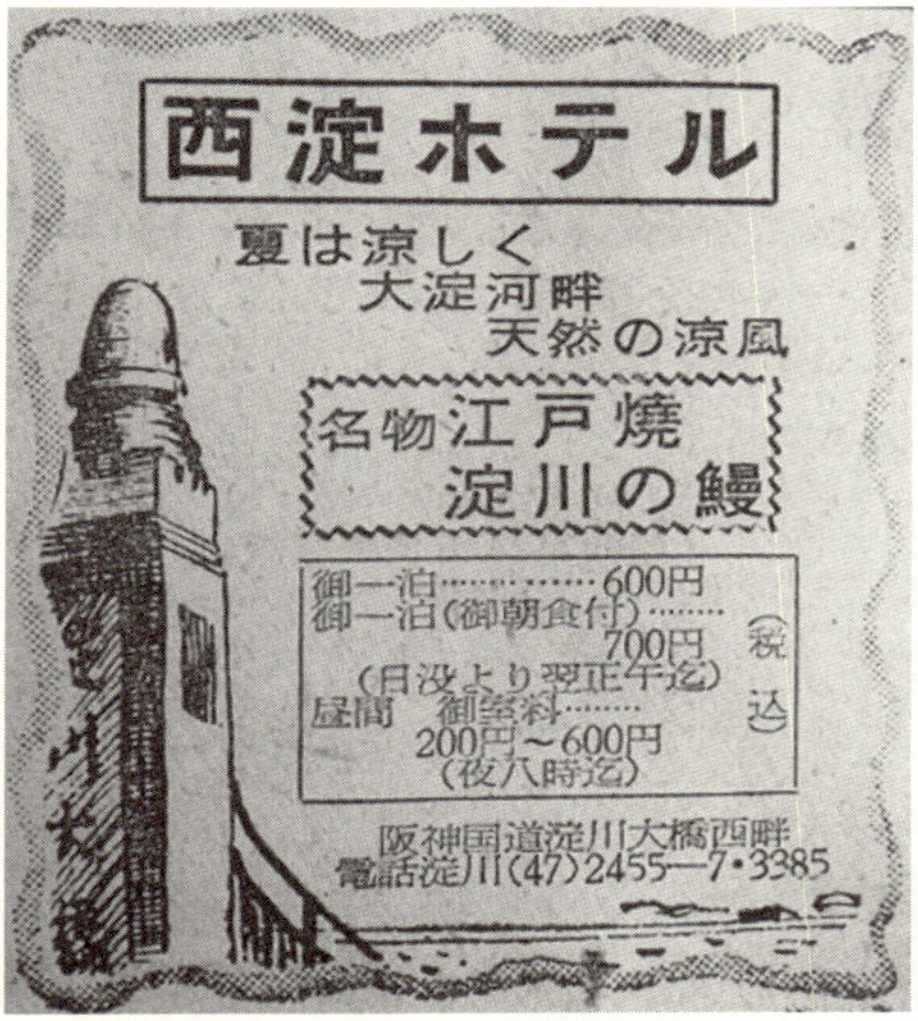

（出所）『大阪日日新聞』1952年８月８日。

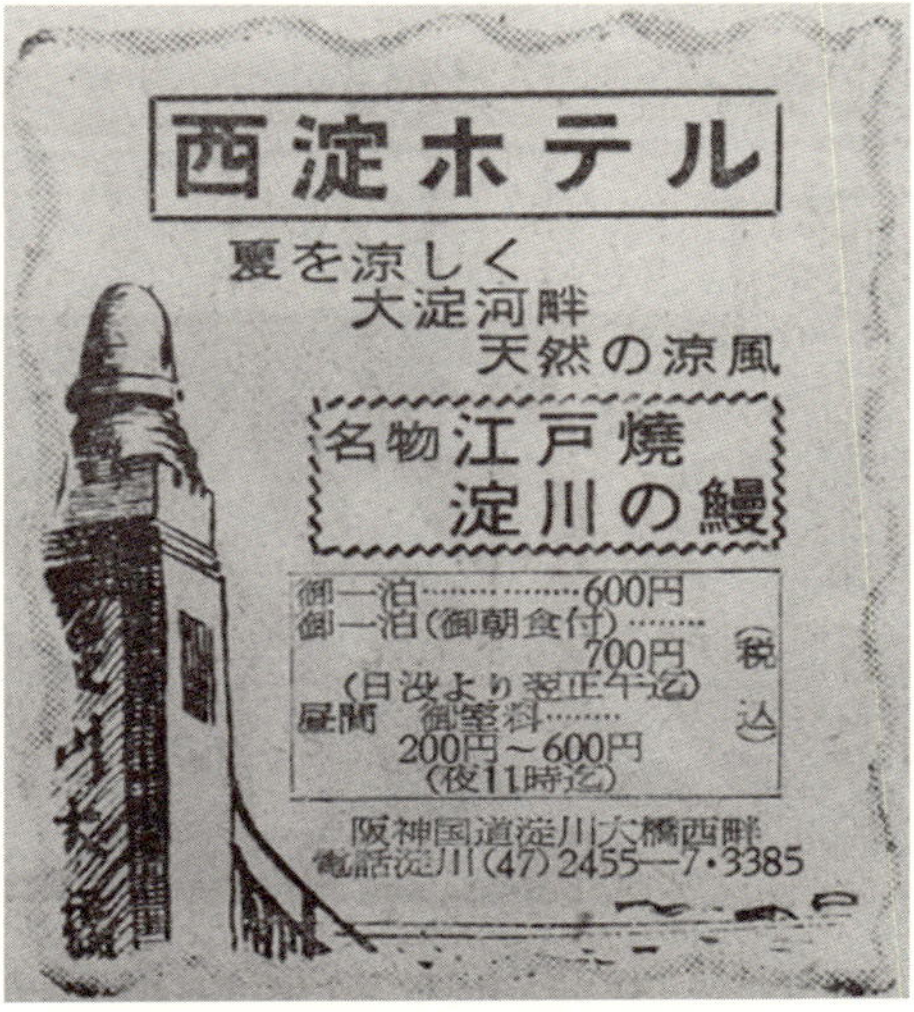

（出所）『大阪日日新聞』1952年８月17日。

（出所）『大阪日日新聞』1953年９月２日。

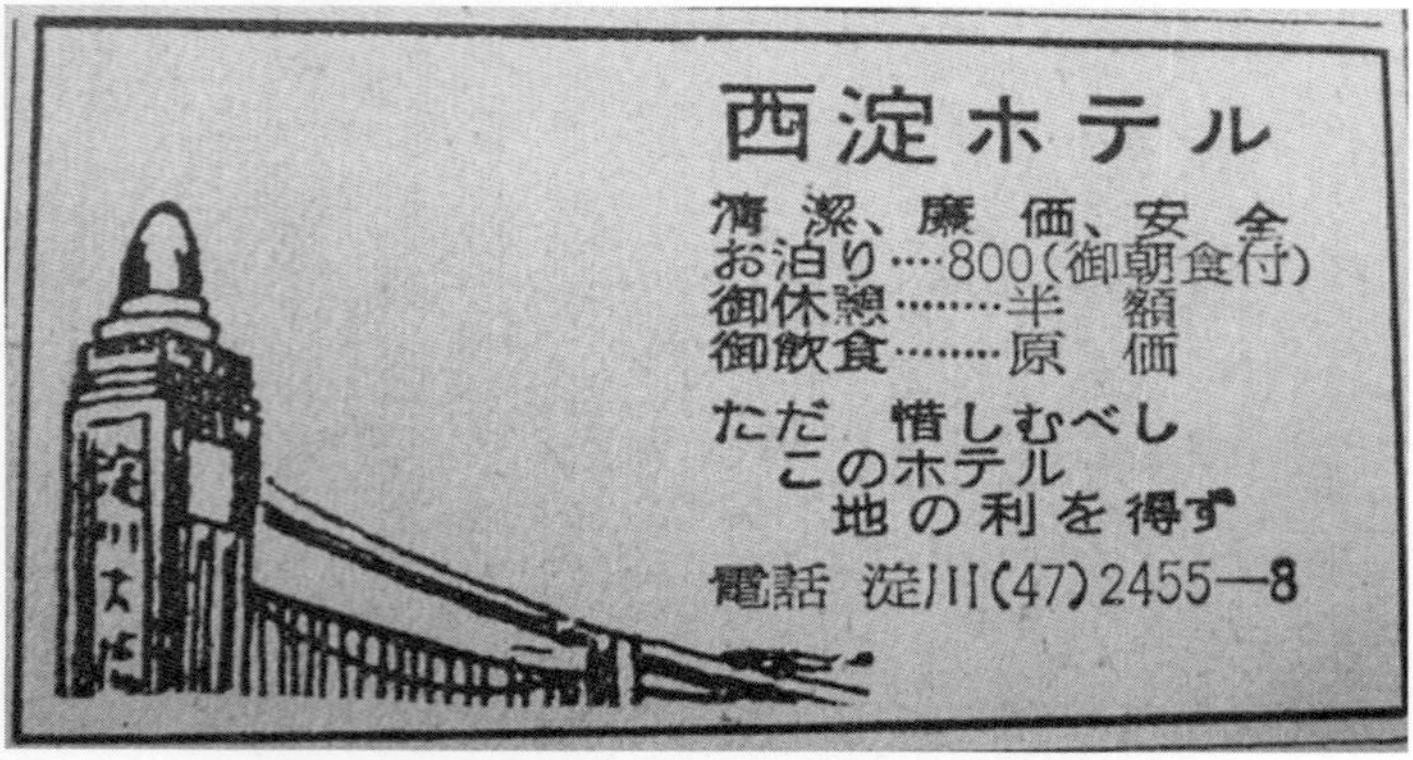

（出所）『大阪日日新聞』1953年10月６日。

西淀ホテル
清潔、経済、安全
ただ惜むべし
このホテル
地の利を得ず
お泊り……800円
（御朝食付）
御休み……半額
御飲物……原価
電話淀川(47)
2455〜8

（出所）『大阪日日新聞』1953年10月21日。

西淀ホテル

（出所）『大阪日日新聞』1953年10月19日。

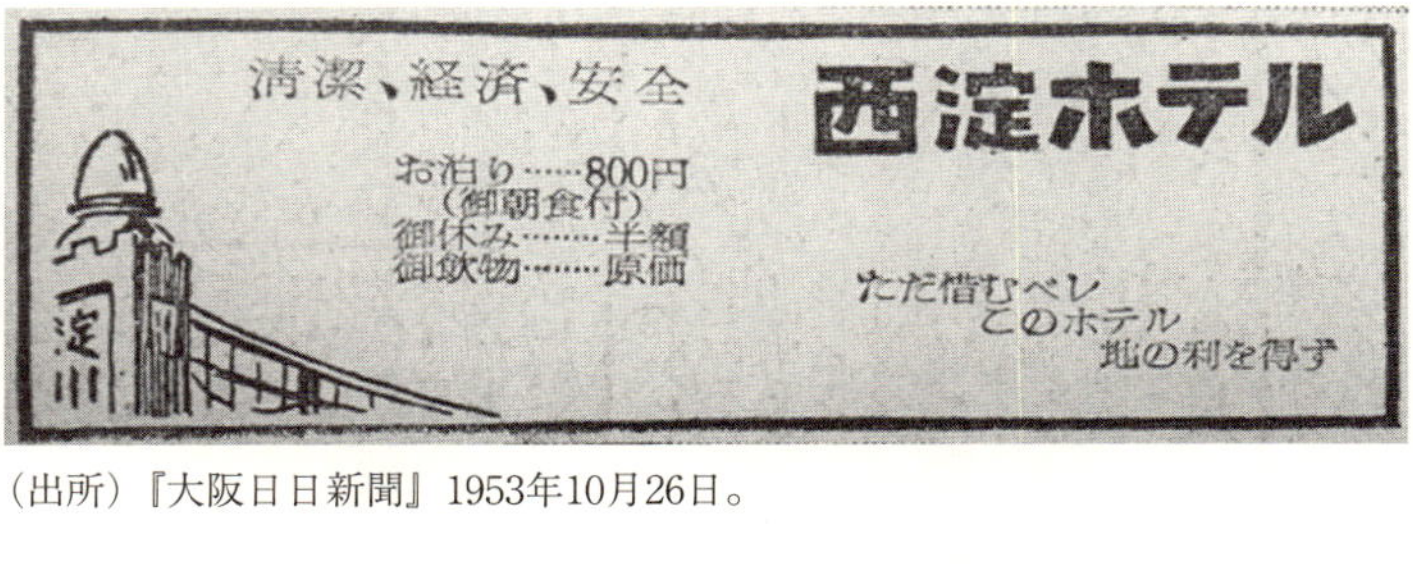
清潔、経済、安全
西淀ホテル
お泊り……800円
（御朝食付）
御休み……半額
御飲物……原価
ただ惜むべし
このホテル
地の利を得ず

（出所）『大阪日日新聞』1953年10月26日。

図1-21「淀川ホテル（西淀ホテル）」の広告 ※一九五四年から「淀川ホテル」に改名したと考えられる。

淀川ホテル
良心的に
あくまで良心的に
お泊り（御朝食付） 800円
御 夕 食 350円
御会食にも好適
阪神国道淀川大橋西畔
TEL(47)2455―8

（出所）『大阪日日新聞』1954年7月3日。

良心的に あくまで良心的に……
淀川ホテル
お泊り（御朝食付） 800円
御 夕 食 350円
御会食にも好適
淀川大橋
阪神国道淀川大橋西畔
TEL (47) 2455―8

（出所）『大阪日日新聞』1954年8月12日。

（出所）『大阪日日新聞』1955年２月７日。

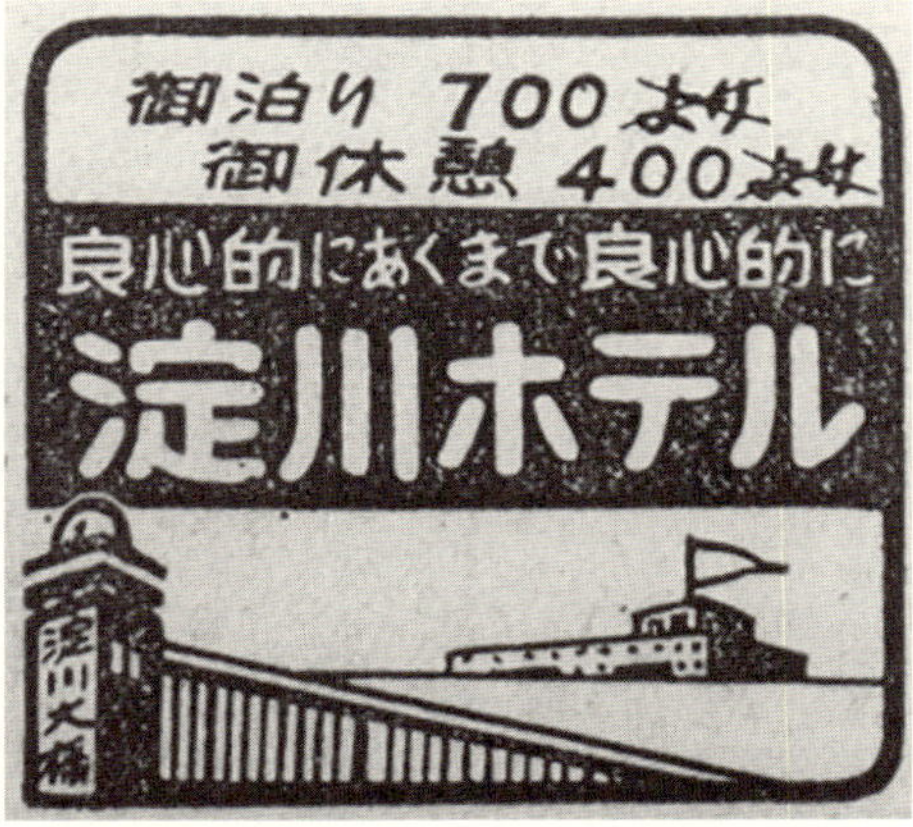

（出所）『大阪日日新聞』1955年２月16日。

「淀川ホテル（西淀ホテル）」は、本来「連れ込み専門」ではなかったが、次第に「連れ込み中心」になっていったことが広告から推測される。

「銀橋ホテル」の広告

それでは最初から「連れ込み利用」を狙っていたホテルは、どういった広告の出し方をしていたのだろうか。次は桜ノ宮に建てられた「銀橋ホテル」の広告を見ていきたい（図1-22）。関西のラブホテル事情に詳しい近藤利三郎氏の次の文章によると、当時「銀橋ホテル」は大阪で「連れ込み旅館」の代名詞になっていたという。

昭和二十九年（一九五四）ごろには、大阪で最初にホテルの代名詞になった「銀橋ホテル」が桜宮橋（通称銀橋・大阪市都島区）の東詰めの大川のほとりに建った。このホテルは、業界の古老に聴くと、二階建てで部屋数は二十室ぐらい。当時としては画期的な冷房完備、防水タイル風呂つきの上に、放映を始めたばかりのNHKテレビが部屋で独占して見られるという大阪の元祖的ホテルが誕生した。ちなみにNHK大阪のテレビが放送を開始したのは昭和二十九年三月十日。

公務員の初任給が約五千円だったときに、一四型のモノクロテレビが一台十七万五千円もした。大英断である。それだけで投資してもラブホテルは儲かったのである。ヒットしないはずがなかった。おまけに全室タイル風呂つきというのだから、人気が出ない方がおかしい。いまでこそ部屋に風呂のないホテルなど信じられないが、当時は観光旅館でも内風呂つきの部屋はごく一部で、新婚旅行で風呂つきの部屋に泊まるのがカップルの夢であった。ただし、古老の話によると、「二階の各室にもタイル風呂をつくったのはいいが、よく階下に水漏れがして難儀していた」と言う。全室タイル風呂つきといえば、現在の人の感覚では想像もできないと思うが、当時は一軒のホテルにバスもトイレも一か所というところもあって、部屋で待っていると、女中さんが「お風呂空きましたのでどうぞ」と呼びに来てくれるのだが、必ずフロントで「お風呂はいかがなさいますか」と聞かれたものだ。「風呂頼む」などと言ってしまうと、女中さんが呼びにきてくれるまではなにもできずに後悔した。

やっと、前客が風呂から出ると、いったん湯を流して湯を張り直すので、どんどん時間が経過してイライラした。廊下を伝って風呂に行くとまだ水風呂同然だったということもあった。だからカラダを洗わずに、即たのしんでいたカップルの方が多かった。

風呂が空く順番などを待っていたら、休憩料のカウントが上がり、あっという間に給与の三分の一ぐらいは吹き飛ぶような時代であった。カップルといっても、いまと違って戦災の焼け野原からまだ十分に復興していなかったから、住宅事情も劣悪な上に家族も多かったので、夫婦者もけっこう多かったと聞いている。

銀橋ホテルの「銀橋」は、戦後のある時期、大阪では連れ込み旅館の代名詞になっていた。現在は、この周辺が「桜宮ホテル街」になり、一九八〇年代までは、大阪城と並んで大阪の観光名所であった。豪華な屋上のネオンやイルミネーションを見るだけで、どれだけ興奮し羨望したものか。地方からのお客があると、夜の桜宮ホテル街へよく案内した。目を見張るイルミネーションに度肝を抜かれ「さすが大阪や！」と感心させるのには、ここへ連れて来るのがいちばんであった。

いまでは、「桜宮」が大阪のラブホテル街の代名詞になっているが、最初は「銀橋いこか」という暗号（みえみえだが）だった。

「銀橋ホテル」の成功をまのあたりにした人たちが、我もわれもと「銀橋」のほとりにホテルをオープンさせ、やがて西日本一のラブホテル街に成長する。

（近藤利三郎『なつかしの関西ラブホテル六〇年裏のうらのウラ話』レベル、二〇〇六年四月二四日）

一九五四年に建てられたという「銀橋ホテル」の広告が『大阪日日新聞』に登場するのは一九五六年である。「銀橋ホテル」の場合、最初から宿泊と休憩料金が設定され、二人利用時の価格が表示されていた。近藤氏によると、当時は珍しかったという各室に付いていた風呂も「ネオン風呂」としてアピールされている。

新館（別館）が完成すると、以前のような設備や料金表示がなくなり、駐車場を完備していることが一番アピールされている。

一九六三年頃から徐々に増えてきたモーテルの影響もあり、この頃から車でホテルに来る客が増えたのだろう。昭和四〇年代に入ると、他のホテルも「銀橋ホテル」を追随するようにデラックス化された部屋と、駐車場をアピールしはじめる（図1－23）。

この頃になると、「連れ込み旅館」は「連れ込みホテル」と呼ばれるようになる。

各広告に「デラックス」という言葉が並び、木造で建てられていた旅館が、鉄筋コンクリート建てのホテルにかわっていく。共同だった風呂やトイレも各部屋に作られ、テレビ、冷蔵庫などの当時「デラックス」と考えられていた設備も搭載された。そうして、全国にデラックスな「連れ込みホテル」が林立する（図1－24）。

図1－22　「銀橋ホテル」の広告

（出所）『大阪日日新聞』1956年９月１日。

（出所）『大阪日日新聞』1956年９月21日。

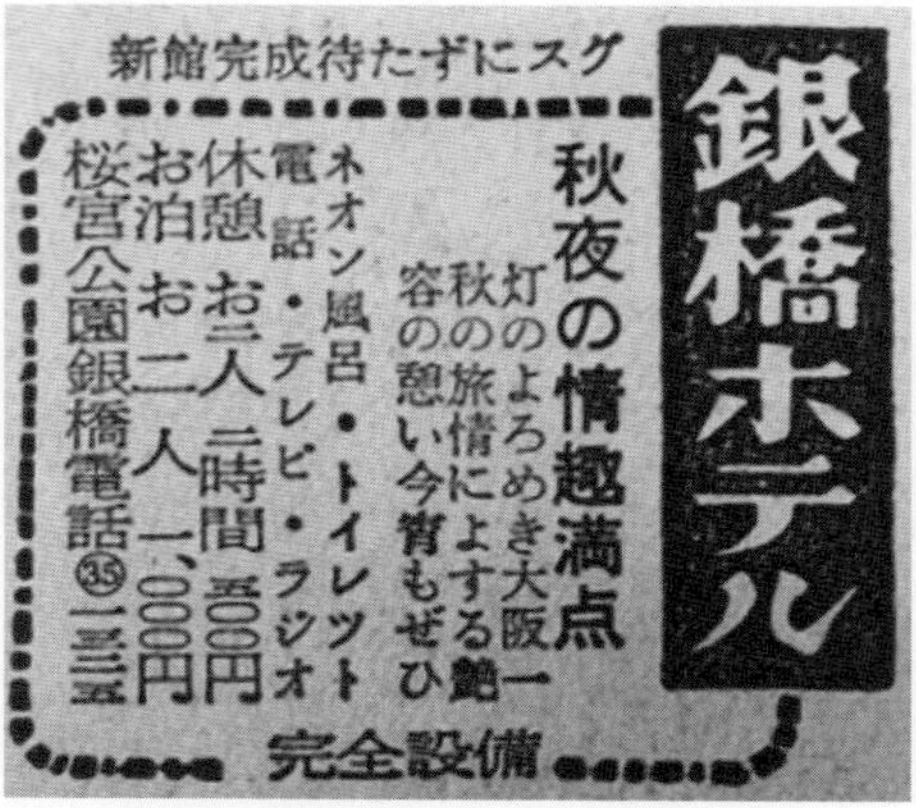
新館完成待たずにスグ
銀橋ホテル
秋夜の情趣満点
灯のよろめき大阪一
秋の旅情によする艶
容の憩い今宵もぜひ
ネオン風呂・トイレット
電話・テレビ・ラジオ
休憩お二人二時間五〇〇円
お泊お二人一,〇〇〇円
桜宮公園銀橋電話㉟一三三五
完全設備

（出所）『大阪日日新聞』1957年11月 1 日。

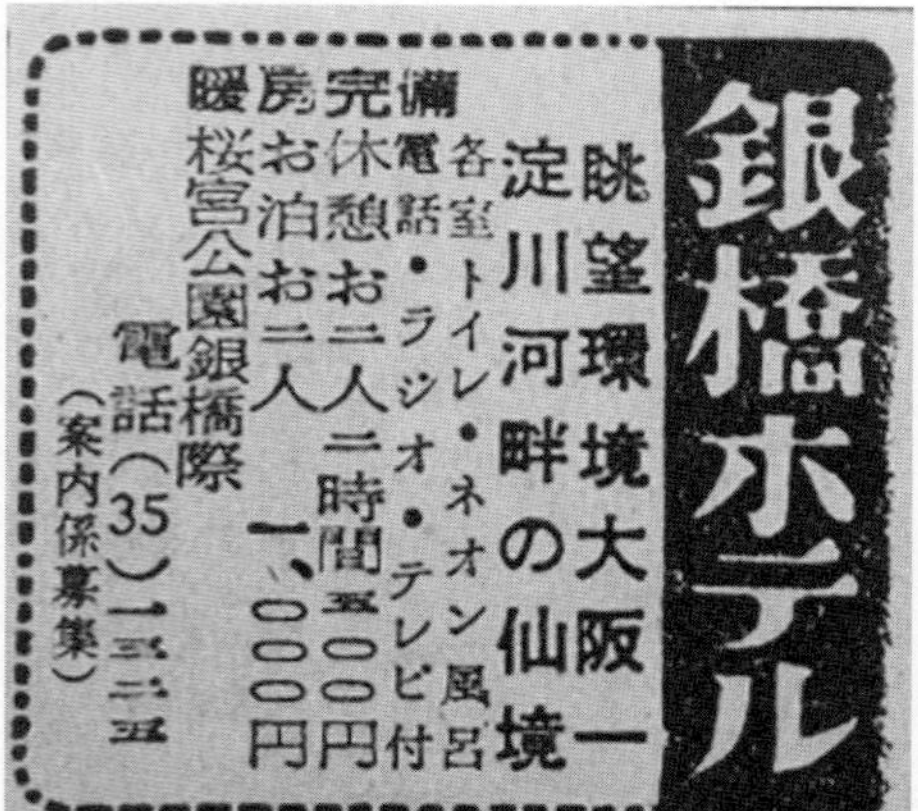
銀橋ホテル
眺望環境大阪一
淀川河畔の仙境
各室トイレ・ネオン風呂
電話・ラジオ・テレビ付
休憩お二人二時間五〇〇円
お泊お二人一、〇〇〇円
暖房完備
桜宮公園銀橋際
電話（35）一三二五
（案内係募集）

（出所）『大阪日日新聞』1957年12月 5 日。

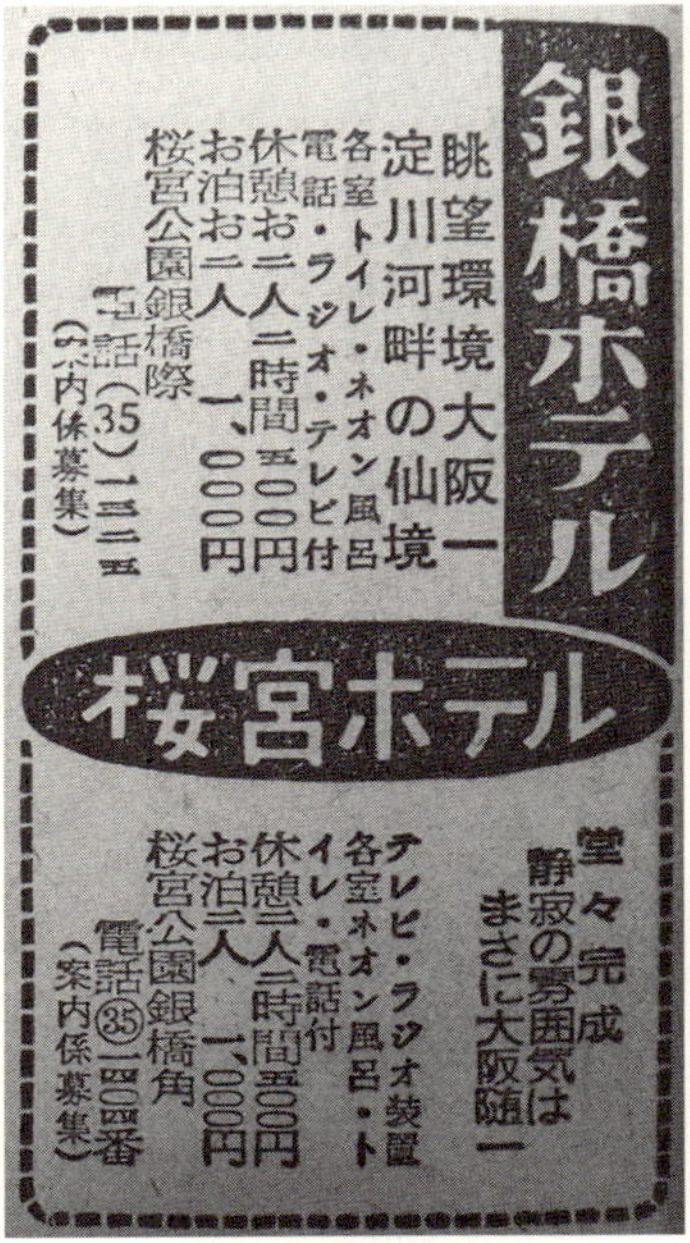

（出所）『大阪日日新聞』1958年５月11日。

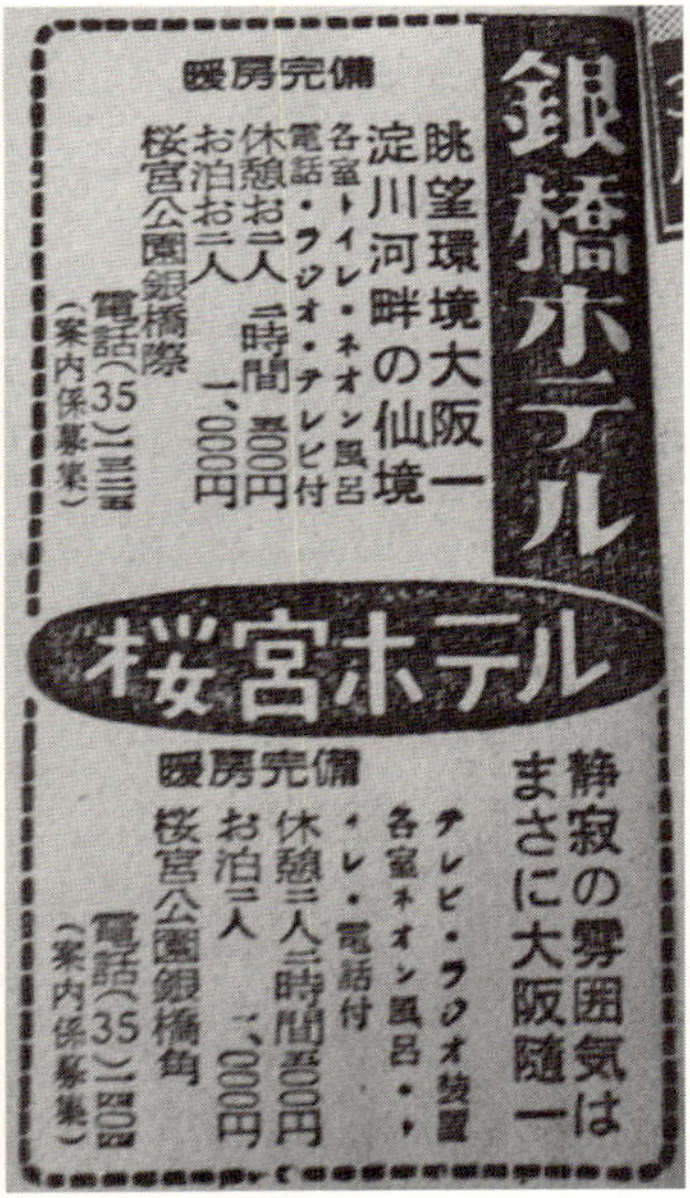

（出所）『大阪日日新聞』1959年３月１日。

（出所）『大阪日日新聞』1960年４月18日。

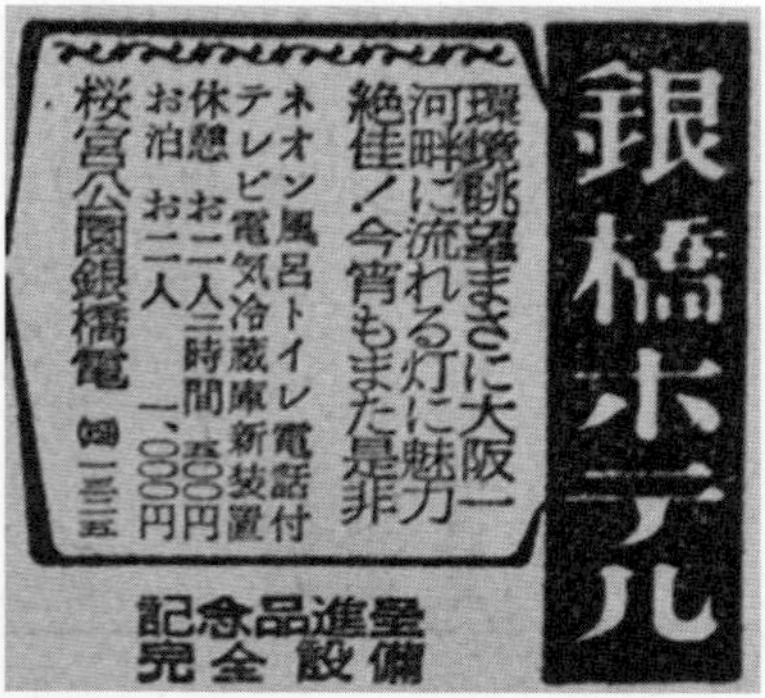

（出所）『大阪日日新聞』1962年５月10日。

（出所）『大阪日日新聞』1961年12月１日。

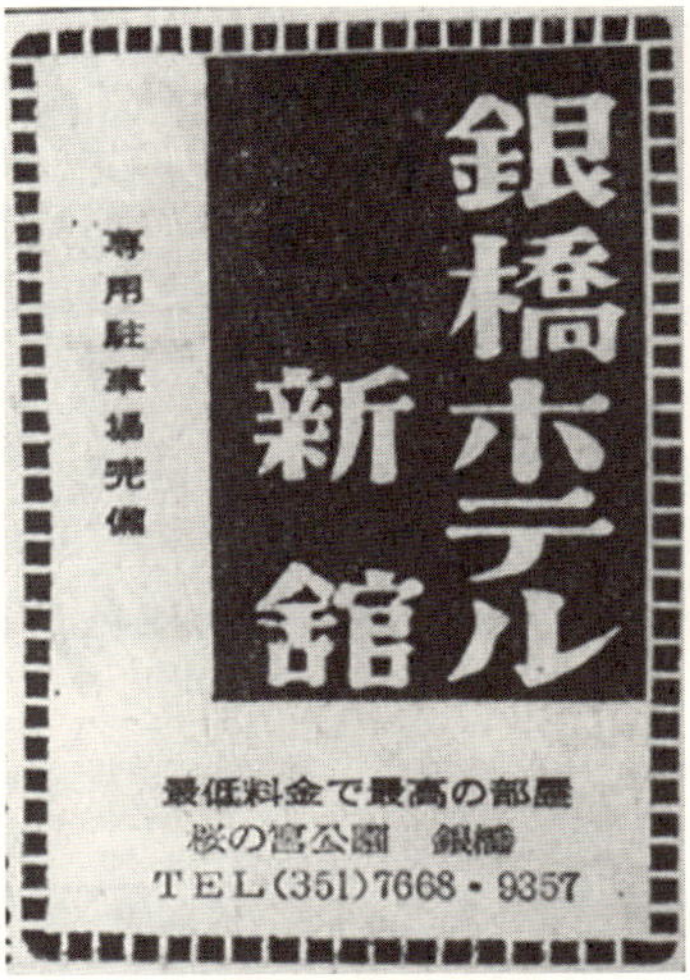
銀橋ホテル新館
専用駐車場完備
最低料金で最高の部屋
桜の宮公園　銀橋
TEL(351)7668・9357

（出所）『大阪日日新聞』1963年１月10日。

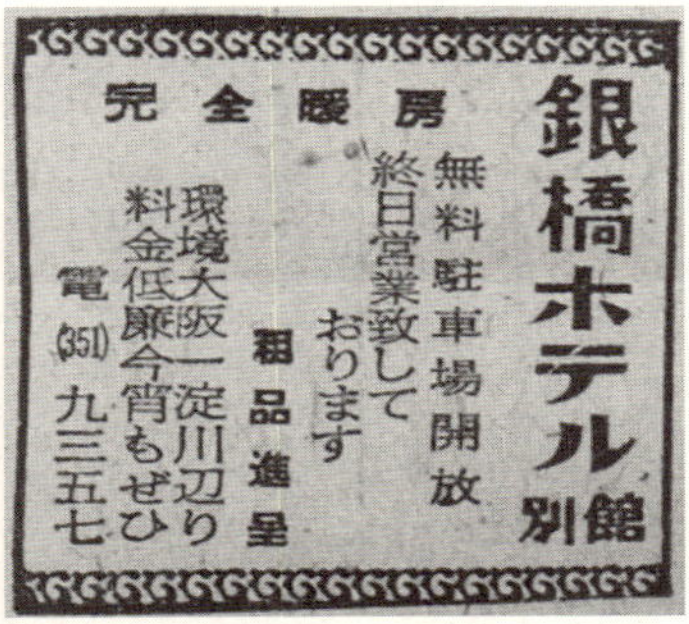
銀橋ホテル別館
完全暖房
無料駐車場開放
終日営業致しております
粗品進呈
環境大阪一淀川辺り
料金低廉今宵もぜひ
電(351)九三五七

（出所）『大阪日日新聞』1963年１月９日。

専用駐車場完備
銀橋ホテル
新館
最低料金で最高の部屋
桜宮公園　銀橋
TEL(351)7668・9357

（出所）『大阪日日新聞』1963年１月14日。

（出所）『大阪日日新聞』1964年10月1日。

（出所）『大阪日日新聞』1965年5月1日。

（出所）『大阪日日新聞』1966年12月3日。

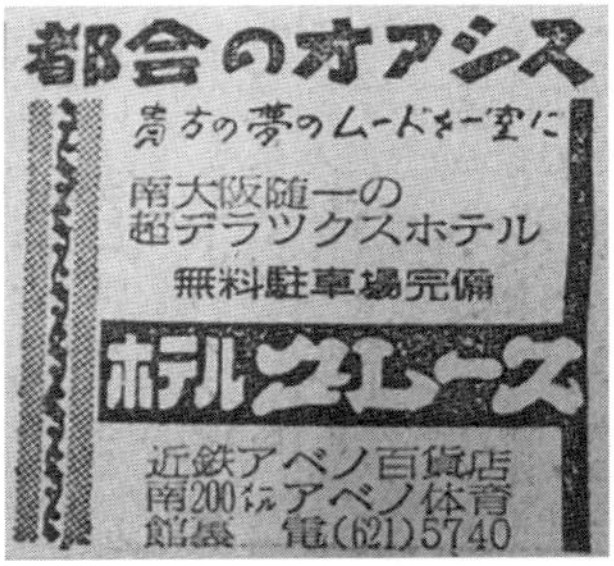

図 1－23　1965年の関西のホテル広告①

（出所）『大阪日日新聞』1965年 5 月 5 日。

図１－24　1965年の関西のホテル広告②

（出所）『大阪日日新聞』1965年５月８日。

第二章　モーテル（モテル）の誕生と衰退

1　アメリカのモーテル

前章では、戦後の高度成長期に発展していった「簡易旅館」から「連れ込みホテル」までの変遷を追った。そこで簡易旅館や料理旅館といった普通の旅館が変化して「連れ込み専用」になったことを述べた。それらは都心を中心に広がっていったという特徴も持つ。

本章では同じ時期に郊外で広がっていったモーテルに焦点をあてたい。辺鄙な場所にモーテルが次々と建てられ、一世を風靡した時代があった。アメリカで生まれたモーテルがなぜ日本で受け入れられたのか。日本式モーテルの誕生と変遷を追っていく。

アメリカ生まれのモーテル

moter と hotel を合わせた合成語＝motel（モーテル）。自動車旅行者や長距離運転のドライバーなどが休憩または宿泊する施設として誕生したモーテルは、「車で旅する時に泊まるホテル」として、アメリカで発展を遂げた。

アメリカの後を追うようにモータリゼーションを発達させた日本にも、それに伴いモーテルが建ち始める。しかし日本にモーテルが普及すると、アメリカで発展したモーテルとは違う日本独特のモーテルが登場した。

モーテルという言葉が英語で誕生したのは、一九二〇年から二五年の間である。最初は、街道沿いにある小さな宿を意味していた。

アメリカ初期のモーテルは、家族で経営するような小さな宿泊施設であり、都市にあるホテルとは全く別種のものであった。それが一九五〇年代に入ってモータリゼーションが進展すると、街道沿いのモーテルの需要が高まる。

一九四六年に出版された栗田正四郎『アメリカ人の旅行』(講談社)の中に、「自動車旅行客を目あてに『モーテル』とか『オート・キャンプ』とかいふ簡易宿泊所が道路に沿って多数設けられ」という記述がされていることから、一九五〇年頃のアメリカでは、モーテルは一つの宿泊施設の形態として定着していたと考えられる。

初期のモーテル利用者は、長距離トラックの運転手やセールスマンなど、仕事で移動する人の利用が多かったため、何よりも簡便性が優先されていた。モーテルがある場所は、市街地の外で高速道路や幹線道路の分岐点のそばや見本市の開かれるところ、商取引の中心の近くなどで、おもにビジネスホテルとして利用されていた。

しかしモータリゼーションの進展に伴い、上流階級の間で広まったレジャーブームが、モーテルの多様化につながる。ビジネスホテルがわりに、長距離運転手の休憩所に、家族旅行の宿泊施設にと、客のニーズによって様々なモーテルが生まれた。

この頃航空会社が出したアメリカの旅行案内の中では、モーテルは次のように説明されている。

主に自動車を運転する人のために考えられた宿泊施設で、モータリングとホテルが結びついた言葉である。モーテル（時にはツーリスト・キャビンともよばれる）は、非常に安い値段で自動車運転者に賃貸しされる簡単な構造のものであるが、近年きわめてデラックスなものに発展しつつあり、ふつうのホテルよりも高い料金のところもできてきている。それぞれの部屋が冷暖房のエア・コンつき、水泳用のプールやその他ぜいたくなリゾートの設備までついている。ふつうのホテルとのちがいは、部屋まで運転して行くことができ、前金で払うことなどである。だから翌朝、どんな時間でも勝手に出発することができるわけである。

（『アメリカ旅行案内』パン・アメリカン航空会社、講談社、一九六五年）

ここでは、モーテルは便利な宿泊施設として紹介されている。近年きわめてデラックスなものに発展しつつありと書かれているのは、おもにリゾート地に建つ高級モーテルを指す。そういったモーテルは値段も高く、一概にモーテル＝安宿という図式は当てはまらない。しかし、一泊一四ドルくらいのバスなしシャワーのみの安価なモーテルでも、部屋が広くプール付きのものも多く見られることから、シティホテルと比べると安価ではある。

アメリカモーテルの基本構造

モーテルの基本構造は、車と部屋が一体型になっているものである（図2－1、2）。

彼らは、自分の部屋のすぐ近くに車を置いておけるような施設の形を望んでいる。そういうところならば、夜寝るために必要な物を車から簡単に、また無断な時間を費やさずに運び込むことができ、また逆に、旅行の目的地へ行ってはじめて必要となる荷物を車の中に置いたままにしておけるのである。その際、変わりやすい天候の影響を受けないために、同じレベル上のひとつ屋根の下に人も車も収容することがすでに考えられている。雨や雪に影響されずに、車と部屋とが結ばれることへの要求が、それによって満たされるのである。モーテルでは車の到着と出発のための経路が、可能な限り単純化されている。

（S・ナーゲル＋S・リンケ『〈世界現代建築シリーズ〉05：ホテル・レストラン』丸山純訳、集文社、一九七八年）

つまりモーテルの構造は、⑴車で入れる、⑵荷物の取り出しなどに便利、⑶面倒な手続きなどがない、という簡便性や利便性を考えたうえで出来たものである。

一般的な設備として、ベッド（ほとんどがダブルサイズ）、テレビ、冷蔵庫はどんなモーテルでも付い

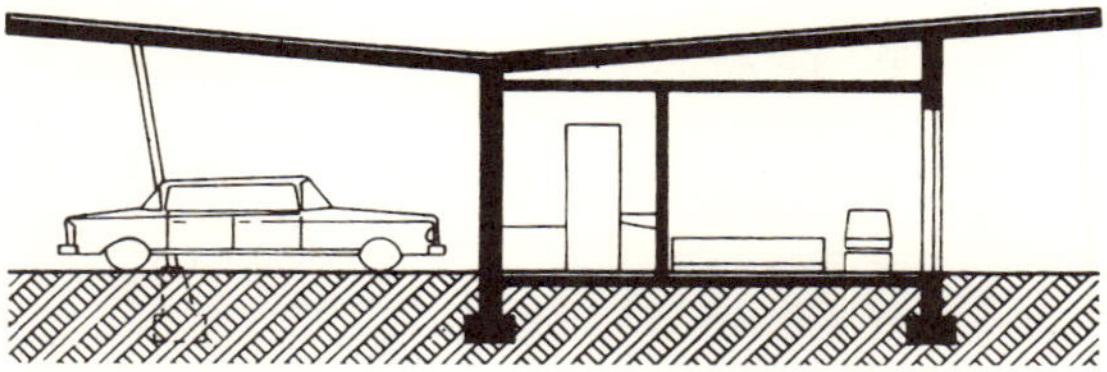

図２－１　駐車場を庇下に設けた並列方式
（出所）　S. ナーゲル＋S. リンケ『〔世界現代建築シリーズ〕05：ホテル・レストラン』丸山純訳，集文社，1978年。

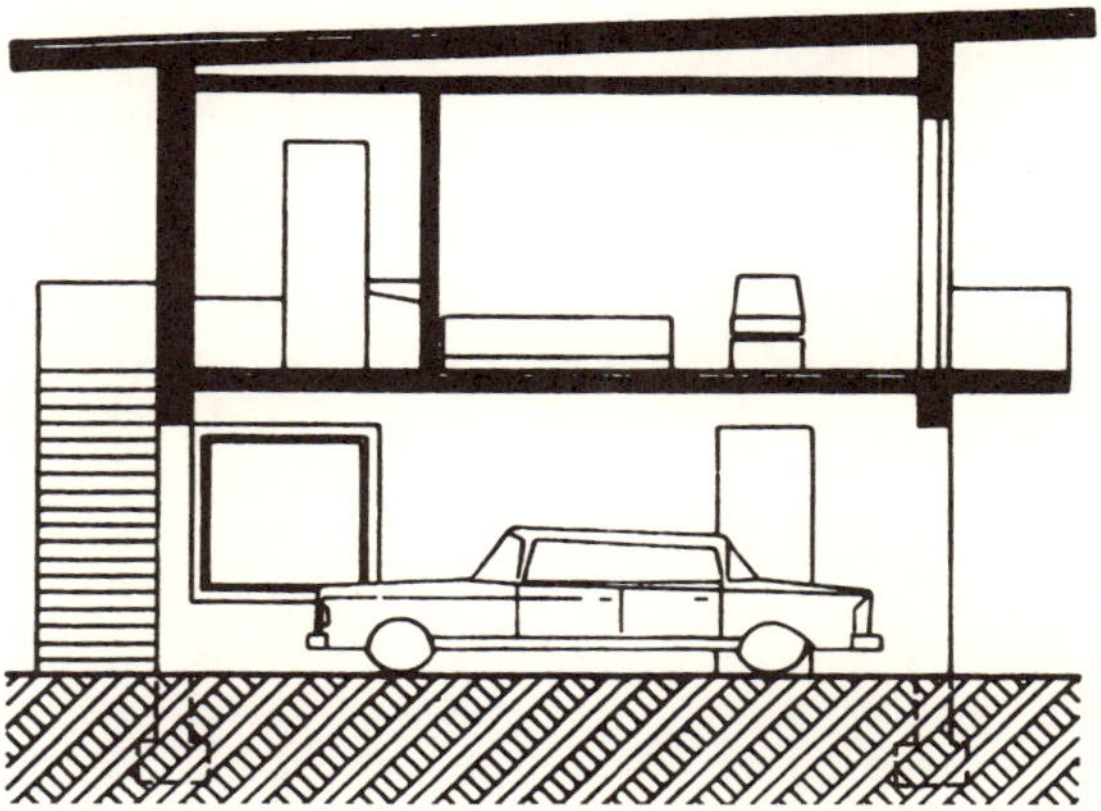

図２－２　駐車場を客室の下に設けた２階建て方式
（出所）　図２－1に同じ。

ており、その他家族や長期滞在者向けに、キッチン付きの部屋などがある。そういった部屋には、食器や洗剤も揃っており、自炊できるようになっている。

モーテルが多く立地している郊外は、土地代が安く敷地も広いので、大抵のモーテルは平屋か二階建てである。アメリカでは二階建てがモーテル、三～五階建のレストラン付きをモーター・イン、さらに高層で大型のものをホテルと呼び（例外もある）、区別されている（榎本雅典「アメリカ最新モーテル事情――多様化するホテルサービス」『季刊レジャーホテル一九九七―一二七』綜合ユニコム、一九九四年一一月三〇日）。フォーマルな服装をせず、各種のチップも払わず、安価で泊まれるという宿泊形態のモーテルは、一九五〇年代から六〇年代にかけてアメリカに定着し、現在も多くの旅行者やビジネス客にモーテルを利用されている。

2　日本のモーテル

日本モーテルの構造

戦後、日本でもモータリゼーションの発展とともにマイカーが普及した。それに伴い、個々の客室ごとに専用の車庫を設け、車ごと入館できるワンルーム・ワンガレージ式（図2－3）のモーテルが人気を博し、高速道路沿いに次々と建てられた。

その頃のモーテルの最大の特徴は、「ワンルーム・ワンガレージ式」である。他にも、一棟一棟が離

図2-3　ワンルーム・ワンガレージ式の一例（いずれも著者撮影）

車で直接入る入口。ホテル名は塗り潰した。

右端のパネルに部屋番号が表示され，シャッターが開く。（ここにパネルがあり，ボタンを押して部屋を選ぶ，または直接中に入って空いてる部屋に入るというモーテルもある）

中に入ると，駐車場のようになっている。

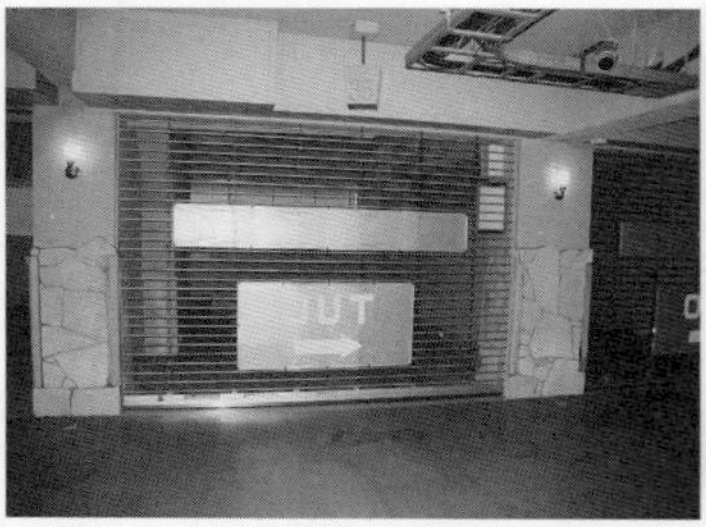

部屋番号，矢印などが点滅案内され，指定された部屋に行くとシャッターが開く（シャッターが付いておらず，空いてるところに直接車を入れるホテルもある）。

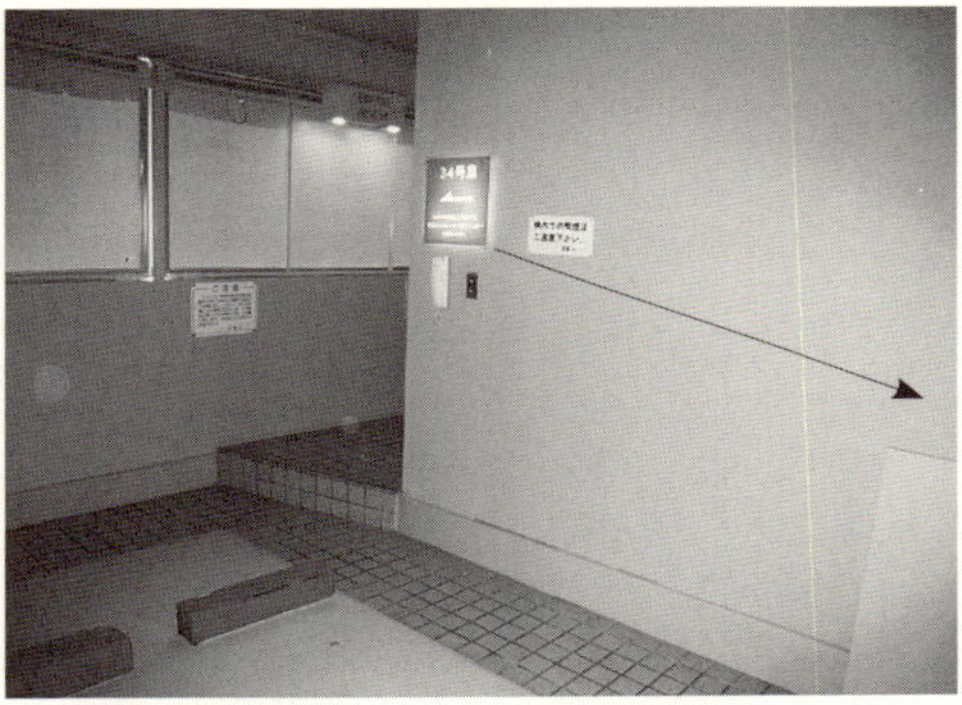

車を停めて，電動シャッターを閉める（シャッターのないホテルも有)。

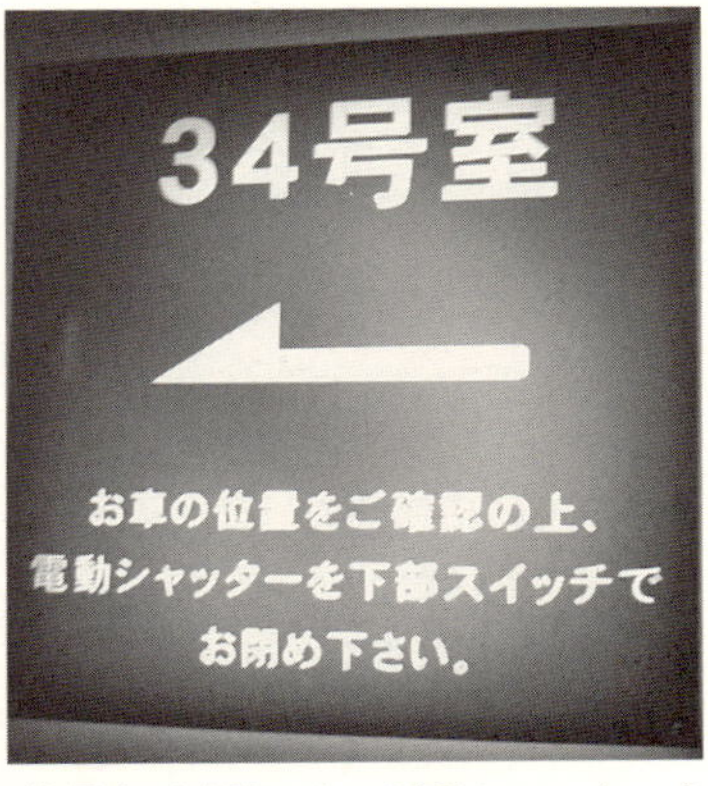

「お車の位置をご確認の上，電動シャッターを下部スイッチでお閉め下さい。」と書かれている。

扉があり，それを開けると，部屋に続く階段があり，車から直接中に入れる構造になっている。

れになった「コテージ式」などもあったが、基本は車で一階の駐車場に乗り入れて、そこに二階の部屋につながる階段があるという構造が主流だった。

まず車でモーテルの入り口に乗り入れる。そこで空室表示のある部屋を選び（もしくは部屋をホテル側に指定される）、案内パネルにしたがって駐車場に進む。ランプが光っている駐車場に駐車すると、車を降りて隣接されている階段を上る。するとそれが部屋につながっており、誰にも顔を見られることなく入室できるという構造になっている。会計も自動清算機が発明されるまでは、エアシューターと呼ばれる気送管が設置されていたり、部屋の入口についている小窓から支払できたり、フロント支払であっても目隠しがついていたりと、「顔をささない」ことが前提だった。

構造はアメリカのモーテルとほとんど変わらないが、従業員とのやりとりがない、つまり「誰にも見られない」ということに一番神経を使っているのが日本のモーテルの特徴である。

「モテル北陸」の登場

一九六四年に東京オリンピックが開催され、新宿、池袋、湯島、渋谷を中心に連れ込み旅館が林立した。

一方で戦後のモータリゼーション(自動車化)の波は全国に高速道路の開通を促し、モーテル(モータリスツホテルの略)も急増した。一九六二年一二月二〇日に首都高一号線が開通し、一九六三年に名神、一九六八年に東名が一部開通、それぞれ一九六五年、六九年に全線開通に至る。さらに一九七〇年には、近畿、中国、七一年に九州と東関東、七二年には北陸と東北に高速道路が開通した。

日本におけるモーテルの元祖には諸説がある。

一九五七年に熱海にモーター・ホテルが開店したという説から、同じ時期に名古屋にカーホテルというものが存在していたという説、警察白書では、「昭和三四年十月に神奈川県箱根町に店開きしたのが最初である」(警察庁編『昭和四八年警察白書――警察活動の現況』一九七三年)と記されており、箱根の国道沿いに建てられたものが第一号という説もある。

このモーテル第一号とされる『モーテル・箱根』は、国道一号線の昼夜食堂であった。

図2-4「モテル北陸」

正面玄関（500台収容可能）

レストラン

客室（洋室）

客室（和室・12畳）

モテル北陸の国際モテル（離れ）
「世界６カ国を再現する国際色豊かな棟々」

国際モテル（離れ）の客室
（アメリカンスタイルのミラールーム）

定期便トラックの運転手が仮眠のために利用したもので、食堂わきの座敷にコタツが置かれてあり、食事をした人は無料。そのうち五十円程度の休憩料をとるようになり、風呂付きがあらわれ、つぎには別棟の宿泊部屋が完備といった具合に、自然発生的に成長して来た。

（『週刊大衆』双葉社、一九七四年一月二四日）

しかし、ワンルーム・ワンガレージ式の郊外型に限れば、一九六三年開業の「モテル北陸」が第一号である。石川県加賀市郊外に開業した「モテル北陸」は、初期のアメリカのモーテル同様ドライバーや旅行者の休息用だった（図2-4）。

当時の日本のモーテルを見て「これは本当のモーテルではない。これからの車社会に対応できるようなモーテルを作りたい」とモーテル経営に乗り出した中嶋孝司氏という人物が、当時から車通りの多かった八号線沿いに「モテル北陸」を作ったのである。

『モテル北陸』はその外観からも、アメリカのモーテルを意識して作られたことがわかる。

また、当時のパンフレット（図2-5）には、「室料（二時間昼夜問わず）お一人様駐車料とも三五〇円から・お二人様五百円から。ご宿泊の場合は倍額です」と記載され、ドライバーひとりから休息できる料金形態になっていた。裏には、「夢をひろげる北陸路ご案内」というドライブルートが紹介され、観光客の利用も視野に入れられていた。当時はレストランや、土産売り場なども設けられていたようだ。

部屋もシングルルームのみならず、家族旅行用には二段ベッド、多人数のファミリーやグループが泊

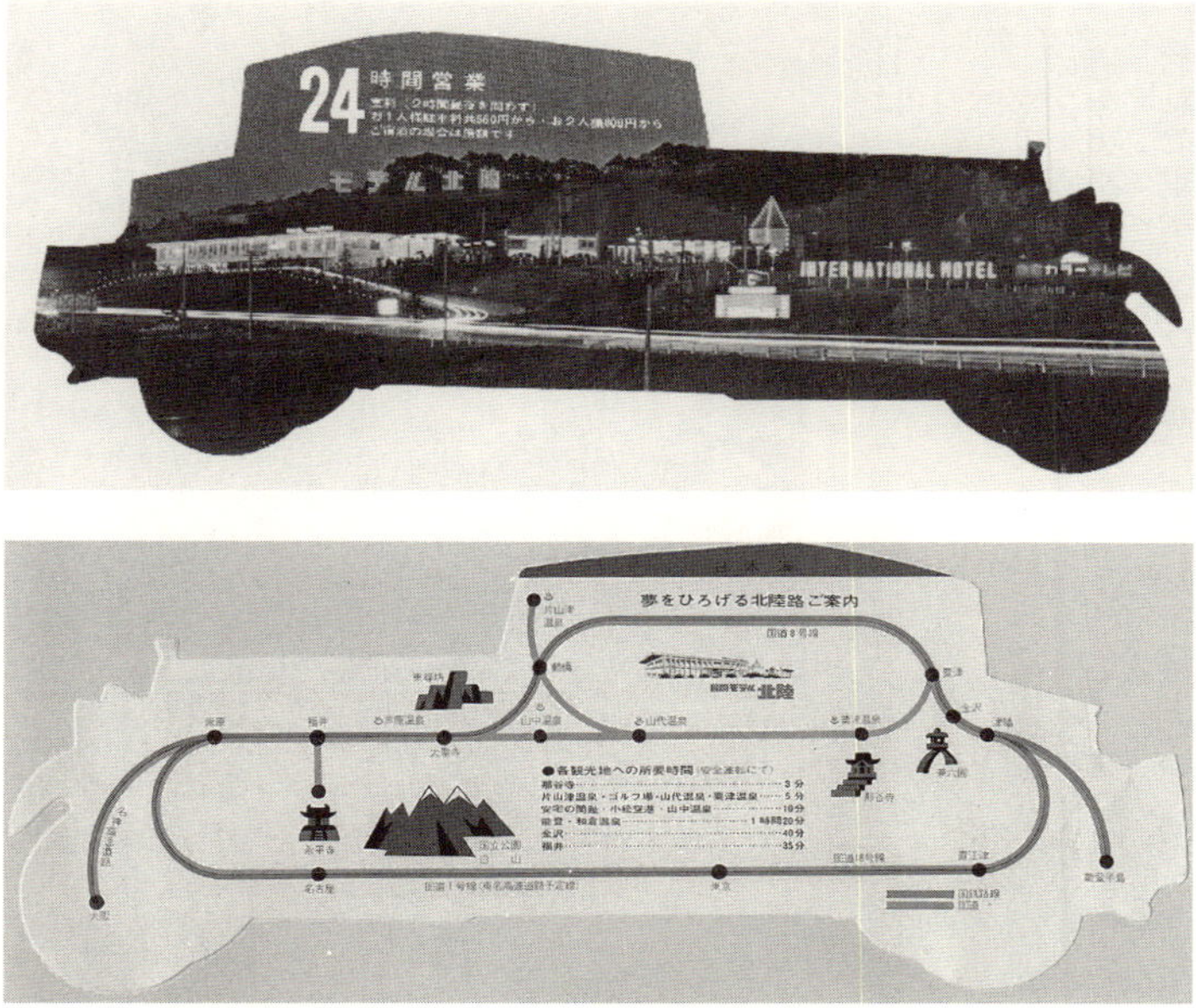

図2-5　モテル北陸のパンフレット

まれる六人部屋、ベビーベッドなども用意されていた。

「モテル北陸」は車が列をなすほど大流行した。しかし、休息をとるドライバーや旅行者の利用はほとんどなく、客層は男女のカップルが大半をしめていたという。

カップル専用モーテル「モテル京浜」

「モテル北陸」の経営者である中嶋孝司氏は、その盛況ぶりと客層を見て、日本独特のモーテルのニーズを理解する。そして一九六八年、中島氏はカップル客にターゲットを絞った「モテル京浜」を横浜郊外にオープンさせた（図2-6）。

当時の「モテル京浜」の様子をレ

図2－6　「モテル京浜」
（出所）　久保田和夫『ファッションホテル夢空間　名商・巨匠の物語』双葉社，1999年。

ポートした保田氏（保田一章『ラブホテル学入門』晩聲社、一九八三年）によると、そこは「車のまま入れるラブホテル」だったという。車を降りて階段を昇れば、個室につながる。部屋のなかにはダブルベッドとバスルーム、TV、冷蔵庫などがあり、ベッドルームとバスルームの間は鏡仕掛けになっていて、室内からバスルームを「のぞく」ことができるというスタイルであったという。

「モテル京浜」は日本式モーテルの元祖となった。アメリカ式モーテルから、モーテル式カップル専用ホテルへと変化した「モテル京浜」は「モテル北陸」を上回る大盛況となる。一日平均六、八回転、土日は一〇回転したという。前には行列ができ、当時の雑誌などでも話題になっていた。

最初に感動したのが、横浜新道にサンゼンと光り輝く「モテル京浜1」だったね。（中略）横浜新道を突っ走って着いてみたら、なんと、ズラッと白ナンバーが並んでる。どうやら空室待ちらしい。おれの車が、そうさね、六番目くらいだっただろうか。

（滝大作・赤塚不二夫・タモリ・高平哲郎『SONO・SONO』山手書房、一九八一年）

パンフレットで「モテル北陸」の外観をみると、「INTERNATIONAL HOTEL・全室カラーテレビ」ということとアピールされており、その作りからもアメリカのモーテルを想起させる。しかし「モテル京浜」は、入り口にはすだれがかかり「やすみ基本一時間二八〇〇円・全室二四時間」という文字が一番大きくアピールされている。ここには、アメリカのモーテルの名残はない。

「モテル北陸」「モテル京浜」経営者、故・中島孝司氏の長男である中嶋光氏に話を聞いたところ、「モテル京浜」の料金設定は、二人利用が基本だったという（中嶋光、日本ハイウェイ事業株式会社代表取締役、二〇〇八年三月九日インタビュー）。

「カップル専用にしたというより、カップルが圧倒的に多かったのでカップルを中心とした料金設定にしました。家族利用もありましたよ、赤ちゃん連れてくる方とか…。でも「モテル京浜」は一人利用を禁止したんですよね。一人だと、犯罪が起こる危険性が高いからです。

また、一人で利用する人が少なくなってきたというのもあります。ドライバーはサービスエリアなんかで休憩するようになってきたし、車の設備そのものがよくなってきたので、わざわざホテルで休憩しなくても、車の中で充分だと。

それに、一人料金を設けたらホテル側は損するんですよね。部屋の清掃や備品も変わらないのに、一人だと料金設定を安くしなければなりませんので…。」

こうして日本独特のモーテル型ラブホテルが誕生した。

「モテル京浜」の大成功に影響を受けて、全国により露骨なカップル専用モーテルが建てられていった。

急増したモーテル

日本のモーテルは車の普及と共にどんどん増加し（表2-1）、一九七二年には六〇〇〇軒を超える。この頃、モーテル経営を始めた小山立雄氏に当時の様子を聞いた。もともと東京の新大久保で労働者向けの旅館を経営していた小山氏は、一九六六年に埼玉に「レジャーハウス美松」をオープンした（図2-7）（二〇〇七年五月一〇日、五月一四日インタビュー）。

「その頃ぐらいからモーテルが急速に広まっていたね。友達がモーテルを見に行ってきて、山の中でも結構お客さんが入ってたと言ってて。とっても盛況だって。

そんな山の広々としたところで商売が出来るんだったら、何をおいてもいこう!ということになって…でも、オープンした当時は全然駄目だった。そりゃ駄目なわけだよ。松林の丸っきり山の中のわけでさ、道路もあるようなないようなわかんないようなところで。まず、人が通らないよね。農道だ

表2-1　モーテル営業の推移（1968～72年）

区分＼年次	43年	44年	45年	46年	47年
営業所数	1,413	2,310	3,958	5,400	5,919 (22)
昭和43年を基準とする指数	100	163	280	382	419

（出所）警察庁編『昭和48年警察白書―警察活動の現況』1973年。
（注）（　）内は，沖縄の数字を内数で示す。

から、お百姓さんが通るかもしれないけど普通の人たちは通らないよね。砂利道のゴタゴタの道なんだから。

だいたい、「レジャーハウス美松」作った頃なんて、道路なんてあまりなかったよね。それでも車でなけりゃあ来れないようなとこだったし。初めて建てるんで、経験がないし、どうしたらいいかわかんなかったからね。とにかく、よそのやつを見に行って真似して、小さな掘っ立て小屋みたいなのを一〇棟ばかり作ったわけですよ。

お客さんも最初は入らなかったんだけど、一所懸命宣伝すると、半年か一年くらいして、大盛況になってきたんだよ。建ててから一カ月くらい後に秩父祭りっていう大きな祭りがあって、その日の夜、初めて満室になったんだよね。それでそれをきっかけに噂が広まって、一年くらいしたら大盛況になったね。

名目上は家族もOKにしてたけど、カップルばかりだったね。というのも、あの頃は車を持つっていうのが夢で、そんななか若い人の車を買う目的のひとつに彼女を乗せてドライブしたいというのがあったからね。だから、車が増えると同時にそういう客層も増えるというわけで…

あの頃は、どこへでも建ててある程度宣伝すれば、お客さんが探して

図2-7　レジャーハウス美松

レジャーハウス美松は一戸建ての独立家屋形態だった
この頃から車のナンバープレートは隠されている
(写真提供：小山立雄)

来るという感じだったね。山の中のおかしなところへつくっても、半年か長くて一年経てば大盛況だったんじゃないかな。」

小山氏の話からも、当時のモーテルの盛況ぶりがうかがえる。

また、当時出版された、モーテル経営者のための経営セミナー本の中では、カップル専用モーテルのイメージが定着したことが指摘されている。

すでにモテルは同伴者向きの施設として社会的な概念が成立してしまっておりこのイメージを払拭できるか否かによりわが国における本格的なモテルの定着が決定されよう。もとより、それらの客層をシャットアウトすることは、まったく意味のないことであり、一流のホテルにおいても現実に利用されている実態を見れば、むしろ誘致策を考える必要の方が強いのである。

（小杉恵『モーテル経営を成功させる基礎知識』日本交通社、一九七〇年）

図2-8　現在のラブホテルの入口
現在でもナンバープレートの隠し方は変わっていない（著者撮影）。

ここでは、男女の同伴者向きの施設というイメージは払拭したいものの、そのニーズには応える必要性を促している。このように、経営者側も利用者のニーズに流される形で方向転換せざるえなかった状況だったのだろう。それほど、モーテルに対するカップルの需要が高かったということである。

警察が問題視したモーテル

一九六九年、警察庁保安部防犯少年課から「モーテルの実態と問題点」という報告書が発表された。そこには、一九六七年三月末に九八〇軒であったモーテルが、一九六八年には一四一三軒、一九六九年には二三一〇軒と急増していることが示されている。また、増加の要因としてモータリゼーションの発展のほかに「享楽的な風潮などの社会情勢を背景としていること」が指摘されている。

調査の対象となったモーテルの多くはワンルーム・ワンガレージ式で、一戸建ての独立家屋形態のもの、あるいはアパート形態のものもあるが、いずれの場合も客室相互間は完全に隔離しているものが大部分だった。

当時のモーテルは、利用客相互間はもとより、客と従業員もなるべく顔を合わせないような工夫をこらしていた。極端なものになると客は案内用信号灯の表示だけで出入りし、支払いも料金収受用の小窓を通して行っていた。そうしたモーテルの利用者の大部分は自動車利用の男女同伴客であった。取り締る側の言葉を借りると、モーテルは風俗犯罪の温床になり、青少年に悪影響を与えるばかりでなく、善良な風俗を害しているものとみられるという。

香川県警が一九六七年一二月に県下のモーテル二九軒、利用客延三五〇〇人について調査した結果、利用客の九五％は男女同伴客であり、同伴の女客の二五％は芸妓あるいはホステスと認められる者であった。

しかし、「モーテルの実態」がそうだったからといって、なぜそこに問題が生じるのであろうか。警察庁は、モーテルの特殊な構造設備から、施錠すれば室内での行為は一切察知できず、また郊外の辺地であっても自動車を利用すれば便利である等の条件から、売春だけでなく凶悪な犯罪にも利用される可能性が強いと指摘する。警察は、モーテルそのものというよりモーテルの構造に問題があると考えていたのである。

実際、モーテルの急増に伴い、モーテル内での犯罪も増加したのは確かだった。中部管区警察局が調査したところによると、一九六八年にモーテルで発生した犯罪は七〇件で、一四件であった一九六七年から五倍の増加だった。なかには売春を斡旋していたモーテルもあったという。

「モテル北陸」「モテル京浜」経営者の中嶋氏が、当時のモーテル犯罪の実情について語っている対談を引用したい。

殿山　ところで、モーテルへは一人で乗りつけてもいいんですか。
中嶋　手前どもは一向に構いません。
殿山　その、野郎一人で行って、女のコを世話してもらえるのか、という意味ですが…。

中嶋　さあ、私の知っている限りではそういったモーテルはありませんね。お客さんは、全部といっていいほど、アベックさんですから。

殿山　浜松あたりのモーテルに、お一人でもお楽しみいただけます。みたいな看板を掲げたのがありますよ。

中嶋　全国で一万軒以上もあれば、中にはイカガワしいものもあるでしょうね。

殿山　きくところによると、横浜あたりでは、バーのホステスがモーテルと契約して、店がハネたあと、お客とくり込むんだそうです。ホステスは男から金をとるほかに、モーテルからも一回につき幾らとリベートをもらうわけですね。

中嶋　その場合はアベックですから、手前どもには問題ないわけです。ただリベートを出すというのは、どんなもんでしょう。

殿山　そういう形のエスカレートしたものに、確か九州か四国だったか、それ専門の女性と契約して、男がくると電話で呼び寄せて売春させたのがありましたね。新聞か週刊誌だかで読んだような気がするんだけど…。

中嶋　まあ、やろうと思えばできないことはないでしょうね。そういえば、私の同業者で、売春を見て見ぬふりしたという嫌疑で警察に呼ばれたのがいます。

（『プレイ情報』一九七二年四月号）

モーテルは地域住民からも猛烈な反対運動を受けることが多かった。郊外にあるモーテルは、自動車を利用する客の目につきやすいように看板も派手にしており、特殊な設備をことさら煽情的に広告していたからである。

そして一九七二年、風俗営業等取締法の一部を改正する法律が公布施行され、モーテル営業が規制された。内容は次のとおりである。

【モーテル営業の規制】

第四条の六　個室に自動車の車庫が個個に接続する施設であつて総理府令で定めるものを設け、当該施設を異性を同伴する客の宿泊（休憩を含む。）に利用させる営業（以下「モーテル営業」という。）は、モーテル営業が営まれることにより清浄な風俗環境が害されることを防止する必要のあるものとして都道府県の条例で定める地域においては、営むことができない。

2　前項の規定は、現にモーテル営業の施設が存する場所が同項の規定に基づく都道府県の条例で定める地域に含まれることとなつたときは、その含まれることとなつた日から一年間は、当該施設を用いて営むモーテル営業については、適用しない。

3　公安委員会は、第一項の規定に違反してモーテル営業を営んでいる者に対し、当該営業の廃止を命ずることができる。

（警察庁生活安全局生活環境課編『風営適正化法関係法令集』東京法令出版株式会社、一九九五年）

こうして、一九七二年七月五日公布施行の風営法の一部改正によって、反対運動を行っていた地域住民から、特に批判の集まっていたワンルーム・ワンガレージ式についての規制が行われた。またモーテルは、営業禁止地域を指定した都道府県条例の施行により、営業禁止地域内では新規営業が認められず、既存の営業についても条例施行後一年以内に構造設備を改善するか廃業することを余儀なくされたのである。

警察白書から見るモーテル

モーテル営業が規制されてから、その後モーテルがどう変化していったのかを、警察白書の報告を中心に見ていくと、規制では止めることができなかったモーテルの勢いを読み取ることができる。風営法が改正された翌年の一九七三年の警察白書には、アメリカと日本のモーテルの違いがはっきりと書かれ、社会に害を及ぼす施設であると考えられている。

欧米諸国のモーテル営業は、自動車利用の旅行者の宿泊所として発達したものであるが、我が国においてはもっぱら自動車で乗りつける男女同伴の客を対象とし、性の享楽場所として利用されている。このため、モーテル営業は、売春や性犯罪が行なわれる場所になりやすいばかりでなく、周辺の清浄な環境を害するものとして社会的な問題に発展した。

（警察庁編『昭和四八年警察白書――警察活動の現況』一九七三年）

またここでは、「モーテル営業の規制」と題し、モーテルが規制されるまでの簡単な経緯が示されている。

モーテルは、性犯罪の場所となりやすいばかりでなく、周辺の清浄な環境を害するところから、これに対する批判が高まるとともに、既存のモーテルに対する苦情や抗議あるいはモーテル建設に対する反対の陳情や請願等が各地で相つぎ、国や地方公共団体においてもモーテル営業に対する規制方策の抜本的検討が行なわれた。

その結果、一九七二年七月五日公布施行の風営法の一部改正によって、特に批判の集まっていた客室と車庫が接続し、客が車庫から直接客室にはいれる構造設備を有するものについて規制が行なわれることとなった。すなわち、この種のモーテルは、営業禁止地域を指定した都道府県条例の施行により、営業禁止地域内では新規営業が認められないことはもちろん、既存の営業についても条例施行後一年以内に構造設備を改善するか廃業することになり、問題のあったモーテル営業の清浄化がすすめられることになった。

（警察庁編『昭和四八年警察白書――警察活動の現況』）

これによると、モーテル営業が規制されたのは、地域住民の反対運動や抗議の力が大きかったということが分かる。警察ばかりが目くじらを立てていたわけではなく、地域住民の陳情や請願等の働きかけがあった。それほどまでに、モーテルがギラギラとネオンサインを掲げながら、堂々と林立していたということだろう。

一九七四年の警察白書では、「浴室で客にいかがわしいサービスをしたり、売春が行われる等の状態が出現した」ソープランドや、「一層享楽的な営業形態をとるようになった」キャバレーとモーテルは同列に記されており、当時のモーテルの特徴が記載されている。

モーテル営業者の中には、法令の規制による施設改造と併せて、けばけばしい看板を取りはずしたり、あるいは客室に備え付けていたピンク映画専門の放映設備やローリングベッド、鏡の間などの設備を撤去して、セックス産業から自動車旅行者のための健全な宿泊施設への転換を図っているものも相当数見受けられる。

（警察庁編『昭和四九年警察白書――警察活動の現況』）

けばけばしい看板、ピンク映画専門の放映設備、ローリングベッド、鏡の間などが当時の規制対象となったモーテルの特徴だったのだろう。

そしてその翌年、警察白書の中では、モーテルは姿を消したことになっている。

ウ　発効したモーテル営業規制

いわゆるワンルーム・ワンガレージ（車庫付き個室）のモーテル営業に対する住民の設置反対や批判の声が盛り上がり、その結果、一九七二年七月五日に公布施行された風俗営業等取締法の一部を改正する法律によって規制されることになり、都道府県が条例で定める禁止地域内においては、条例の施行後一年以内にワンルーム・ワンガレージのモーテル営業は、姿を消すこととなった。

都道府県条例で定める禁止地域内のモーテル営業の営業所数は、条例施行時は、全国で四、八五六軒あったが、昭和四八年末には、一〇八軒が会社の保養所等に転売されたり、あるいは一般飲食店、ドライブイン、下宿屋、アパート等に転業しており、その結果、法の対象となる営業所は、四、七四八軒になっている。

（警察庁編『昭和四九年警察白書――警察活動の現況』）

モーテル規制法ができたことで、地域環境の浄化が進められたほか、これまで多発傾向にあったモーテル内での性犯罪等も減少したということである（表2-2）。

警察白書では風営法改正後の一九七三年、七四年に集中してモーテルという言葉が出てくる。しかしその後、約一〇年間、犯罪事例の中に「モーテルに誘い」などという言葉はいくつか出てくるものの、主な文面の中にモーテルそのものが問題となっているような文章は出てこない。風営法が改正され、ワンルーム・ワンガレージ式が取り締まりの対象になってから、モーテルは完全に衰退していったかのように白書では扱われた。

ところが一九八三年、認めたくない事実を認めざるをえない状況になった。「類似モーテル」の増加である。その年の警察白書を引用したい。

表2－2　モーテル営業施設内における性犯罪等の認知状況（単位：件）

区分／年次	強かん	強制わいせつ	売春防止法	旅館業法	計
47年	203	14	70	41	328
48年	191	11	19	17	238
増減	△12	△3	△51	△24	△90
増減率（%）	6	21	73	59	27

（注）　△は，減少件数を示す。
（出典）　警察庁編『昭和49年警察白書——警察活動の現況』1974年。

モーテル営業は、地域の清浄な風俗環境を害し、かつ、その施設が密室的構造のため、性犯罪をはじめ各種の犯罪を誘発助長するおそれがあるところから、昭和四七年風俗営業等取締法の改正により、モーテル営業の定義を定めるとともに、営業について場所的規制を行うこととなった。四七年当時、モーテル営業は、全国に約五、九〇〇軒を数えていたが、法改正後、モーテル営業の定義に該当しないようにするため施設の改築、改造が行われ、そのほとんどがモーテル営業に該当しないものとなり、五七年一二月末には、モーテル営業に該当するものがわずか七軒となっている。しかし、このような法律上の定義には該当しないが、外形や営業形態はモーテルとほとんど同様のモーテル類似営業が年々増加し、五七年一二月末現在、六、九二四軒となっている。

五六年のモーテル営業及びモーテル類似営業（以下「モーテル営業等」という。）とその他の旅館、ホテル等における刑法犯発生率をみると、旅館、ホテル等が、一、〇〇〇軒に九八件の割合なのに対し、モーテル営業等は、一、〇〇〇軒に二一一件の割合となっており、また、強姦（かん）、強制猥褻（わいせつ）といった性犯罪は、旅館、ホテル等が、一、〇〇〇軒に一件の割合なのに対し、モーテル営業等は、一、〇〇〇軒に一二件の割合で発生している。さらに、モーテル営業等の営業者が、積極的に売春の場所を提供していた事犯、客の室内の行動をビデオ録画し、そのテープを販売していた事犯や、女子高校生を無理に連れ込んで覚せい剤を注射した上暴行していた事犯等が発生しており、モーテル営業等が各種の犯罪の場として利用されるケースが目立っている。

（警察庁編『昭和五八年警察白書――警察活動の現況』一九八四年）

モーテルが急増加した背景には、モータリゼーションの発達や経営者の戦略もあった。しかし、何より大きかったのは、マイカーを手に入れた利用客のニーズである。法律で規制され、警察が取り締まりを強化しても、強い需要が続いてる限り、供給側はなんとか法の目をくぐりぬけようとした。そして、法律上ではモーテル営業に該当しない、「類似モーテル」が続々と出現したのである。

3　類似モーテル

類似モーテルの実態

「類似モーテル」は既存のモーテルに一工夫加えるだけで、簡単に作れるという。法に触れずに、ワンルームワンガレージ式の構造にするためにはどうすればいいのか、設計士に話を聞いた（ホテル設計会社代表A氏、二〇〇七年七月一七日インタビュー）。

設計士A　地方へ行けば行くほど、モーテルタイプしか流行りませんね。人口少ないから、人に見られるのを気にするひとが多いですよね。ワンルームワンガレージと呼ばれる、ガレージから直接部屋にいける構造がモーテルであるとされてるんですけど、一回道路に出て部屋にいけるのはモーテルでないんですよ。つまり、車庫から直接部屋のドアを開ける構造にしなければ大丈夫なんです。コテージタイプなら入り口をつける場所でその辺はクリアできますからね。既得権のある古いホテル以外は、ワンルームワンガレージ式は禁止されているので、そういう風に構造で工夫してワンルームワンガレージと変わらないものを作るのは可能です。

では逆に、工夫を凝らしながらワンルームワンガレージ式にこだわる理由はなんだろうか。理由を尋ねると、経営者や建築デザイナーは口を揃えて「郊外のホテルは顔をささない構造にすることが一番大切」と言う（モーテル経営者B、モーテル設計士C、二〇〇七年七月一一日インタビュー）。

経営者B　郊外とか地方というのは人口密度が都市部に比べたら低いので、見つかりやすいことを気にする人が多いですね。車で来るのがほとんどで、歩きで来る人はほとんどいませんね。監視カメラで車を見たら一人で入ってきてるお客さんかと思うんですけど、よく見るとシートをおもいきり倒してたり…。あと、後ろに乗ってることもよくありますよ。あとこれは冗談じゃなくて、数回見たことあるんですが、トランクから出てきたりとか…そんな悪いことしてんのかとこっちが思いたくなるくらい、絶対に顔を見られたくないお客さんが多いですね。

だから、地方とか郊外で支持されるのは、やっぱり顔がさしにくいホテルです。当然新しい設備とかキレイさは求められるんだけれども、新しくてキレイでも顔がさすホテルだと来にくいみたいです。大都市部をのぞいては、そういう「隠す」というのを心がけてあげないと商売としては難しいでしょうね。

設計士C　郊外型は夜になると、ぱたっと回転が止まるんだ。郊外型は、あーだこーだと付加価値をつけてもあんまり効果がない場合が多いね。郊外は、人と会わない構造にするのが一番大事だね。

多様化するモーテル

類似モーテルが増加し、郊外のモーテル都心の連れ込みホテルが「ラブホテル」という言葉でまとめて雑誌に取り上げられるようになった頃から、モーテルとラブホテルのはっきりとした区別が難しくなってきた。

ラブ・ホテルは、また別の名前でモーテルともよばれている。そんなわかりきったことを、といわないできいて欲しい。

（正木鞆彦「日本独特の風俗を作り上げた現代の傑作ラブホテル」『ミュージックマガジン』ミュージックマガジン、一九七九年五月二五日）

立地で考えると、都市に建てられているのがラブホテル、郊外や、国道沿いに建てられているのがモーテルという区別である。しかし、本来モーテルとラブホテルは確固たる区別があった。車でそのまま部屋へ入れるワンルーム・ワンガレージ式のホテルがモーテルである。

しかし、類似モーテルが増加し、設計にあらゆる工夫が加えられ、その種類も多様になってくる。当時の広告をみてみると、都心にあるモーテルや、旅館風のモーテルもあったようだ（図2－9～11）。先ほどの中嶋氏の対談でもモーテルの区別の仕方について触れている箇所がある。経営者から見ても、モーテルとは名だけのロマンテルというものがあるという話が出てくる。この頃になると、種類が多すぎてその区別も様々だったようである。

殿山　けっこう大きなモーテルで、車が二、三台くらいしか入らないようなのがありますね。

中嶋　はい、ほんとうは室の数だけ車の収容能力がないと困るんですが、いまはモーテルに規制がないので軽の二、三台も収容できれば、それでモーテルといえるんですね。そういうのを、手前ど

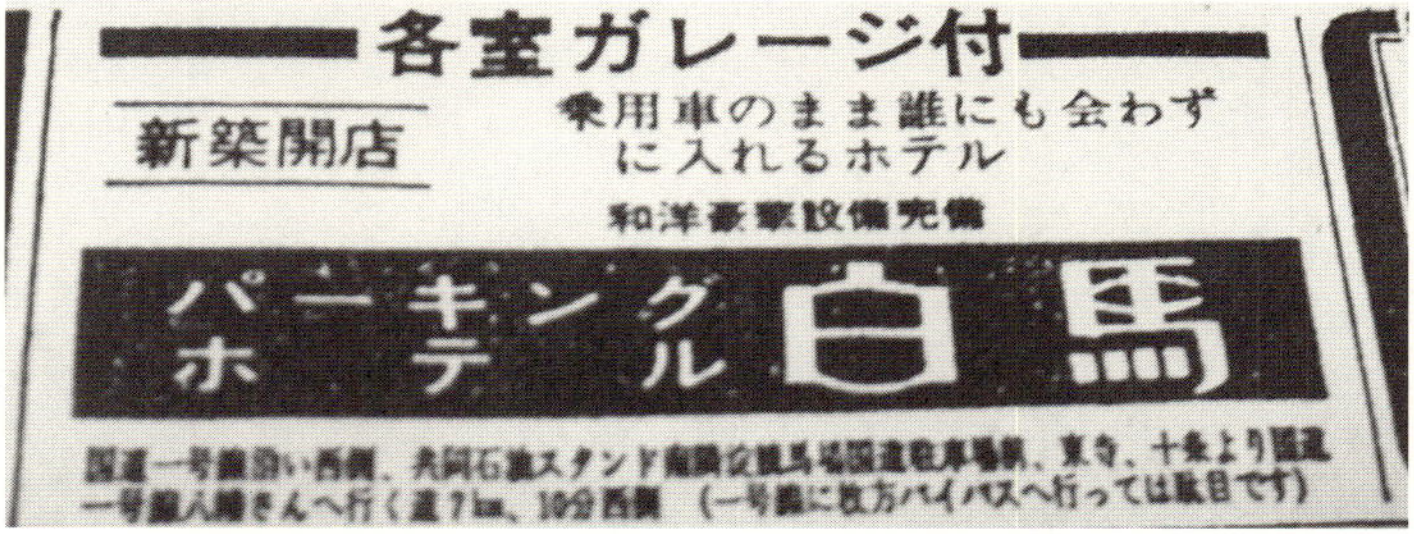

図２－９　「パーキングホテル白馬」の広告
（出所）『京都新聞』1967年１月10日夕刊。

図２－10　「デラックスモーテルゆのくに」の広告
（出所）『大阪日日新聞』1969年８月２日。

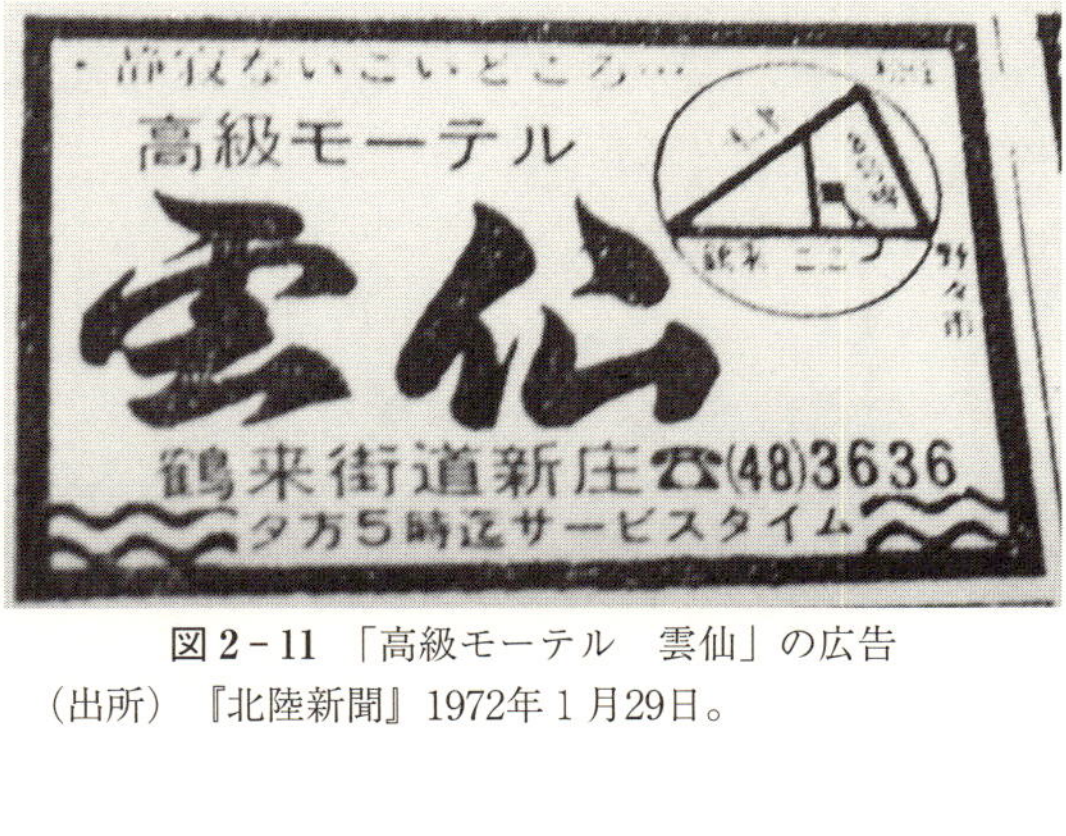

図２－11　「高級モーテル　雲仙」の広告
（出所）『北陸新聞』1972年１月29日。

もはロマンテルと呼んでます。ロマンスを生むだけのホテルというわけですね。

殿山 ロマンテル、いい得て妙なる名称だナ。(笑)

中嶋 モーテルのもうひとつの分け方に、都会を含めた近郊のモーテルを、都心モーテルに、あるいは近郊モーテルといい、その他を郊外モーテルとかハイウェイ・モーテルとかいって区別しています。

(『プレイ情報』一九七二年四月号)

モーテルは、店員と利用客が顔を合わすことのない構造を法に触れない形で考案した。そうして多種多様に形態を変化させながら「類似モーテル」として増加し続けたのである。

雑誌にみるモーテルの変遷

一九七二年に風営法の一部改正によってモーテルが規制され、警察の目から見たモーテルは一時衰退したように思えた。

しかしそれは表面上の衰退に過ぎず、「類似モーテル」と呼ばれる、法の目をうまく潜り抜けるモーテルが次々登場した。

大宅文庫の文献目録を参考に、当時のモーテルに関する記事を調べてみると(図2-12)、モーテルという言葉が日本で初めて雑誌に登場したのは一九五三年の『週刊朝日』である(「ロータリーモーテルMOTEL——モータリスト・ホテル」『週刊朝日』朝日新聞社、一九五三年二月二二日)。この頃は、ドライバー

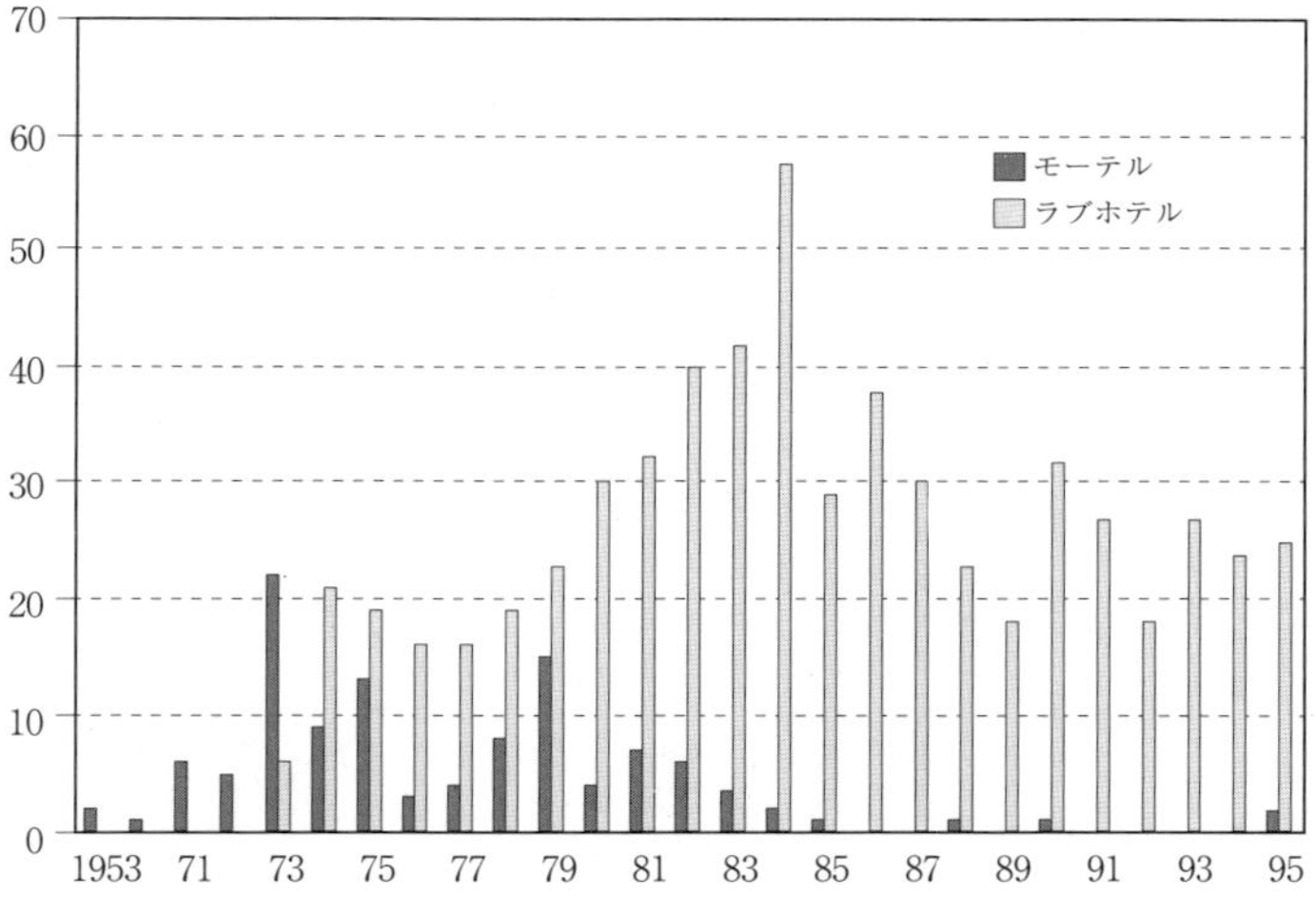

図 2-12　雑誌記事タイトルにある「モーテル」「ラブホテル」
『大宅壮一文庫雑誌記事索引総目録』（1985～1997）年を元に作成。
「モテル」項目には，モテル，MOTEL，LOVE MOTEL を含む。
「ラブホテル」項目には，ラブ・ホテル，ラヴ・ホテル，LOVE HOTEL，LOVE PLAY HOTEL，LOVE ホテル，ラブ・テク・ホテル，愛のホテル，カップルズホテル，ファッションホテル，ブティックホテル，ファッションラブホテル，ファッション・ホテル，FASHION HOTELS，LOVE ファッションホテル，ブティック・ホテル，B（ブティック）ホテル，アミューズメントホテル，アミューズメント H ホテル，H ホテルを含む。

の休息用としてのアメリカのモーテルが紹介されている。

次に取り上げられたのが、すでにモーテルが日本に定着していた一九七〇年である。「モーテル王国埼玉〝文化革命のウラ側〟」というタイトルでモーテルが日本の各所に林立し、旺盛をふるっていることが取り上げられていた（『週刊文春』文藝春秋、一九七〇年一一月二日）。

この記事を境に、カップル専用の日本式モーテルが雑誌に取り上げられるようになる。内容の多くはモーテルの部屋の内装を紹介したものや、「モーテル・セックスの実態」といったその中で行われているセックスに関する記事だった。

そんなモーテルが雑誌に一番多く登場したのは一九七三年で、風営法が改正された翌年である。姿を消したはずのモーテルが、改正の翌年に、雑誌に多く取り上げられていたとは皮肉なものである。規制ではモーテルの勢いを止められなかったということだ。

こうしてモーテルは、男性誌では『週刊大衆』や『アサヒ芸能』、女性誌では『微笑』『女性自身』のような週刊誌を中心に取り上げられ、同時期に「ラブホテル」という名称も登場する。

一九七〇年代の雑誌記事では、モーテルとラブホテルは同列に取り上げられても、区別して表現されていた。

「成人の日、晴れ着で満員！　モーテル・ラブホテルを誌上再録！」

（『ヤングレディ』講談社、一九七三年一月二九日）

「ラブ・ホテル、モーテルルームさんがこっそり公開、お正月の珍事、衝撃場面集」

（『女性セブン』小学館、一九七五年一月一五日）

「奥様と二人で行きたい話題のモーテル、ラブホテル利用読本」

（『週刊現代』講談社、一九七五年一〇月九日）

ところが一九八〇年に入ると、ラブホテルの特集記事はどんどん増えていくものの、モーテルの記事がほとんど見られなくなる。それどころか二〇〇〇年に入ると、トレンドマガジンに取り上げられたりアメリカスタイルのモーテルがロードサイドホテルとして取り上げられている。

「トレンドウォッチング　週末ドライブの宿はアメリカンモーテルで決まり！　格安、シンプル、自由度大で日本でも急増の気配」

（『ＤＩＭＥ』小学館、二〇〇一年四月五日）

「ビジネスこの人を見よ！　甲斐真さんモーテルを広める　※ロードサイドホテル旅籠屋代表」

（『ダ・カーポ』マガジンハウス、二〇〇二年四月三日）

辞書にみるモーテルの変遷

「モーテル」の語句としての認識はどう変遷していったのだろうか。

辞書では、一九六三年に初めて「モーテル」という言葉が登場するものの（『岩波国語辞典　第一版』岩波書店、一九六三年）、一九七二年までは「自動車旅行をする人のための宿泊所」という説明しかない。日本独特のモーテルの特徴を初めて付け足したのは、一九七三年の『広辞林第五版』である。

モーテル…（motel＜motorists' hotel）「自動車旅行者のための、自動車ごと泊まれるホテル。わが国ではとくに、自動車ごとはいれる連れ込み宿をさすことが多い。（『広辞林第五版』三省堂、一九七三年）

『現代用語の基礎知識』には、辞書よりかなり早くモーテルの項目が登場する。一九五八年に初めて登場した時には、アメリカのモーテルの説明のみであったが、二年後の一九六〇年にはアメリカと階層が違うただのデラックスホテルであると指摘されている。

モーテル…モータリスト・ホテルの略。アメリカでは町外れの街道筋に庭つきバンガローが点在し、車を外においたまま泊まれるようになっているが、その宿泊料はベッド、シャワー、W・C付きで一泊三〜八ドルという。いわば温泉マークのアメリカ版。日本でも立川附近に開店した。別に同じような略し方で、ソールジャー・ホテル（軍人用宿泊所）のソーテルというのもある。

（『現代用語の基礎知識　一九五八年拡大版』自由国民社、一九五八年）

モーテル…アメリカでは旅行客の六九％が利用しているが、日本では三十四年九月箱根に店開き。アメリカと階層が違うので、ただのデラックス・ホテルのため、庶民旅行向きにサイクテル・テクテルなどをつくったらよいという批判もある。

（『現代用語の基礎知識　一九六〇年拡大版』自由国民社、一九六〇年）

一九七五年には、「最近ではかつてのさかさくらげ、温泉マークと同様につれ込み専門のものとなっている」という言葉が付け足され、モーテルは当時の連れ込み旅館と同等になったということがはっきりとわかる。

しかし一九七九年になると、『現代用語の基礎知識』の「社会風俗」の項目の中に入っていたモーテルが、外来語でしか見られなくなった。そこではカップル向けの施設としての説明は出てこない。

モーテル…モーター・ホテル（motor hotel）自動車旅行用ホテル。モーテル（motel）はこれを縮めたもの。

（『現代用語の基礎知識　一九七九年拡大版』自由国民社、一九七九年）

雑誌や辞書の変遷を追ってみると、モーテルは最初アメリカ式モーテルと同じように、ドライバーの休息用の施設として紹介されていた。それが軒数が増えるにしたがってカップル専用の休憩施設として紹介され、ラブホテルが登場すると同列に取り上げられるようになった。

その後、カップル専用の宿泊施設としてはラブホテルという名称が残り、モーテルという名称は本来のアメリカ式のモーテルに戻っていったということである。

モーテルを利用する人々

カップル専用モーテルが林立していた時代、モーテルは男女のカップルで利用するものだった。一九七〇年の資料を引用したい。

吉田さんは去年、会社からアメリカに長期出張を命じられた。アメリカに渡る前に、日本一周をしておこうと、大学の後輩三人と一緒に自動車旅行をした。宿泊は駐車できるからという理由で、ドライブイン・モテルを利用することに決めた。ところが三日もたたないうちに、モテルと称する所に、泊まるのを断念したほうがいいことに気がついた。第一日目。ある町で夜になり、交番で、モテルの所在地を尋ねた。一行の姿を、ジロジロ見てから、その警官は「モテルという所は、男だけでは泊めんよ。男と女一緒でなければだめだね」と、いったのである。

第二日目。赤いネオンの「××モテル」というのを見て、玄関に車をつけた。ところが、どこにも駐車する場所がないのである。店の番頭さんらしき男が、玄関わきの窓を開けて、男四人の姿を見た途端何もいわないで、顔を引込めた。

（武川淑『モテルの固定投資一〇原則』日本リテイリングセンター、一九七〇年）

「モテル北陸」「モテル京浜」を経営していた中島孝司氏のインタビュー記事によると、利用客のなかで一番多かったのは、水商売風の女性とサラリーマンのカップルであったという（『婦人公論』中央公論社、一九九〇年三月）。別の記事でも同じような客層の実態が取り上げられていた。

一人室やファミリー室の利用客は少なくて、アベック用の部屋の利用者が圧倒的だったのである。それもアベック客というのが、温泉の旅館に宿をとっていながら、芸者やホステスなど、行きずりの女性との情事のためにタクシーで乗りつけてくる客なのだ。

（『週刊大衆』双葉社、一九七四年一月二四日）

それが、一九六五年代に入ると、だんだんと客層に変化が見られるようになった。それまでの玄人女性と客という組み合わせだけではなく、素人利用が雑誌に取り上げられるほど、増えてきたのである。

（昭和）四〇年代になって利用者は素人が中心になる。連れ込み旅館やモーテルがそれだけ一般人の生活に密着したということだろう。

（『週刊ポスト』小学館、一九七三年一〇月五日）

連れ込み旅館やモーテルが一般人の生活に密着してきたというのはどういうことだろうか。それは、玄人利用がなくなったというわけではなく、軒数が増えるにしたがって、様々な形態の「連れ込みホテル（旅館）」や「モーテル」ができ、利用者の幅が広がったということだろう。また、戦後復興から高度成長期を迎え、日本全体の生活が豊かになったことも要因の一つとして考えられる。

玄人だけでなく、素人のカップルが多く利用するようになり、類似モーテルを含む「連れ込み」の形態は大きく変化する。次章では、モーテルの影響を受けてよりデラックス化されたホテルが「ラブホテル」として確立され、「ラブホ」に変化していくまでの変遷を追っていく。

第三章　ラブホテルの隆盛

1　デラックス化されたラブホテル

日本経済の高度成長とモーテルの流行によって、都市における連れ込み旅館の設備も変わる。冷暖房は完全完備で、かつて高級ホテルにしか完備されていなかった風呂、トイレ、テレビ、冷蔵庫付きは当たり前、駐車場を設けたビル型のホテルが次々と建てられた。

目黒エンペラー出現

一九七三年、東京の目黒に「目黒エンペラー」が出現する（図3－1）。「目黒エンペラー」は、ラブホテルの代名詞ともなるほど画期的なホテルだった。

外観はおとぎの国のお城をイメージした西洋風の古城、世界各国のデザインを取り入れた趣向を凝らした部屋、ゴンドラに乗ったまま入れる風呂など、総工費六億五〇〇〇万円がかけられた豪華な設備は当時のマスコミを騒がせ、それまでの「連れ込み旅館」イメージを一掃した。

図 3－1　目黒エンペラー
現在も当時の外観を留めている（2008年，著者撮影）。

「目黒エンペラー」オープン時にアメニティグッズを卸していた関係者に話を聞いた（松村一夫、株式会社東京マッシマ代表取締役、二〇〇七年五月七日、六月六日インタビュー）。

「「目黒エンペラー」さんはホテルをメディアを使って宣伝したんですよね。当時は新聞に広告を載せるようなことはあっても、事件でも起こらない限り、雑誌がホテルを取り上げることとなんてなかったからね。そういう意味では、雑誌に大きく取り上げられた革命的なホテルでしたね。

また粗品なんかもすごかったですね。三千円とか五千円するライターを粗品にしてたんですよ。それを銀座や六本木とか赤坂のクラブの支配人に送ったりしてね。一万個くらいご注文いただきました。」

「目黒エンペラー」が雑誌に取り上げられた時に「ラブホテル」という言葉が雑誌に並んだ。外観からも「連れ込み旅館」や「モーテル」というより、「ラブホテル」という言葉がぴったりだったのかもしれない。

奇抜な外観とアイデアでメディアの話題をさらった「目黒エンペラー」は大成功し、都内だけでなく、全国から観光客が押し寄せた。

以降、「目黒エンペラー」を追随するように西洋の城のような外観のホテルが次々と建てられていく（図3－2、3）。

デラックス化されたモーテルや、「目黒エンペラー」の影響を受けて、一九六五～七五年にかけてラブホテルは黄金時代を迎える。

ギンギラギンのネオンと回転ベッドに代表されるような〝ゴージャス〟なラブホテルが次々と登場し、ラブホテルは、単なるカップルへセックスのスペースを提供する施設から、生活感を感じさせない非日常空間の提供を求められる時代に入ったのである（図3－4、5）。

この頃、「城」はラブホテルの代名詞になっていた。

例えば、新聞広告で観光ホテルとラブホテルが一緒に掲載されると、一見区別がつきにくい（図3－6参照）。

ここで紹介されている宿泊施設は「ホテル」「温泉ホテル」「リゾートホテル」「観光ホテル」と区分けされており、一見するとすべて普通のホテルのように見える。しかし宣伝文句を読んでみると、「あなたと私の夢のお城へどうぞ……」と書かれた「ホテルノア」と、「静かな憩のひとときを夢のお城で!!」と書かれた「ホテル光城」はおそらくラブホテルだろう。「ホテル延若」も、「歌舞伎調」という

図3－2 「ホテル有馬」の広告

（出所）『週刊大衆』双葉社，1973年10月18日。

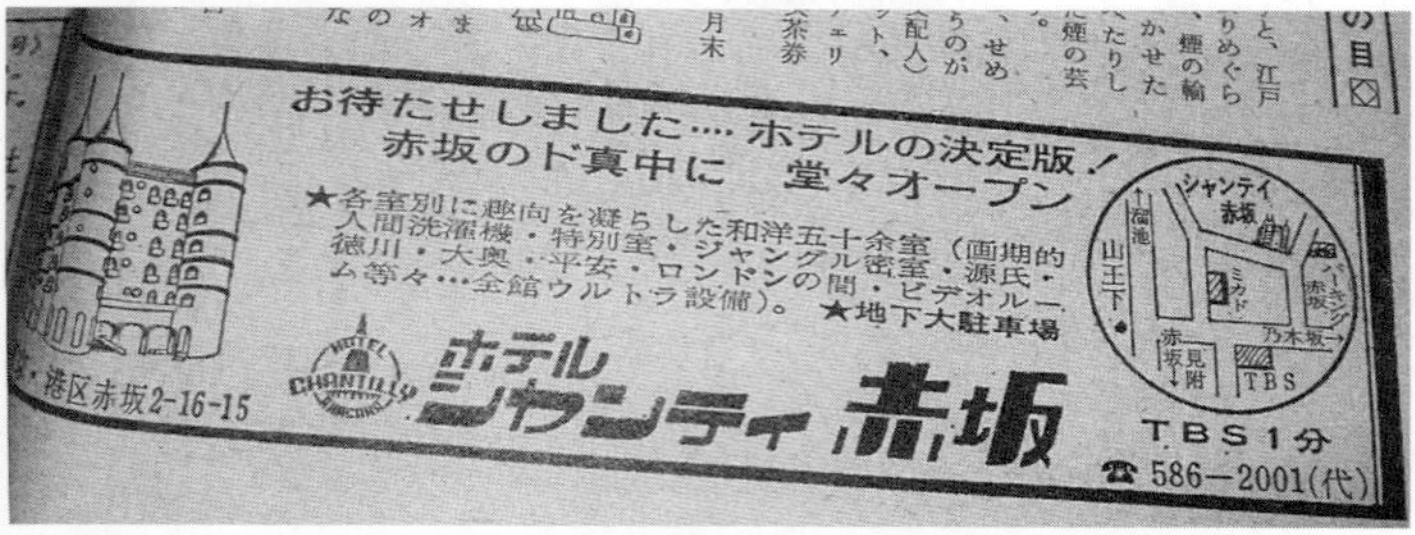

図3－3 「ホテルシャンティ赤坂」の広告

（出所）『週刊大衆』双葉社，1974年11月28日。

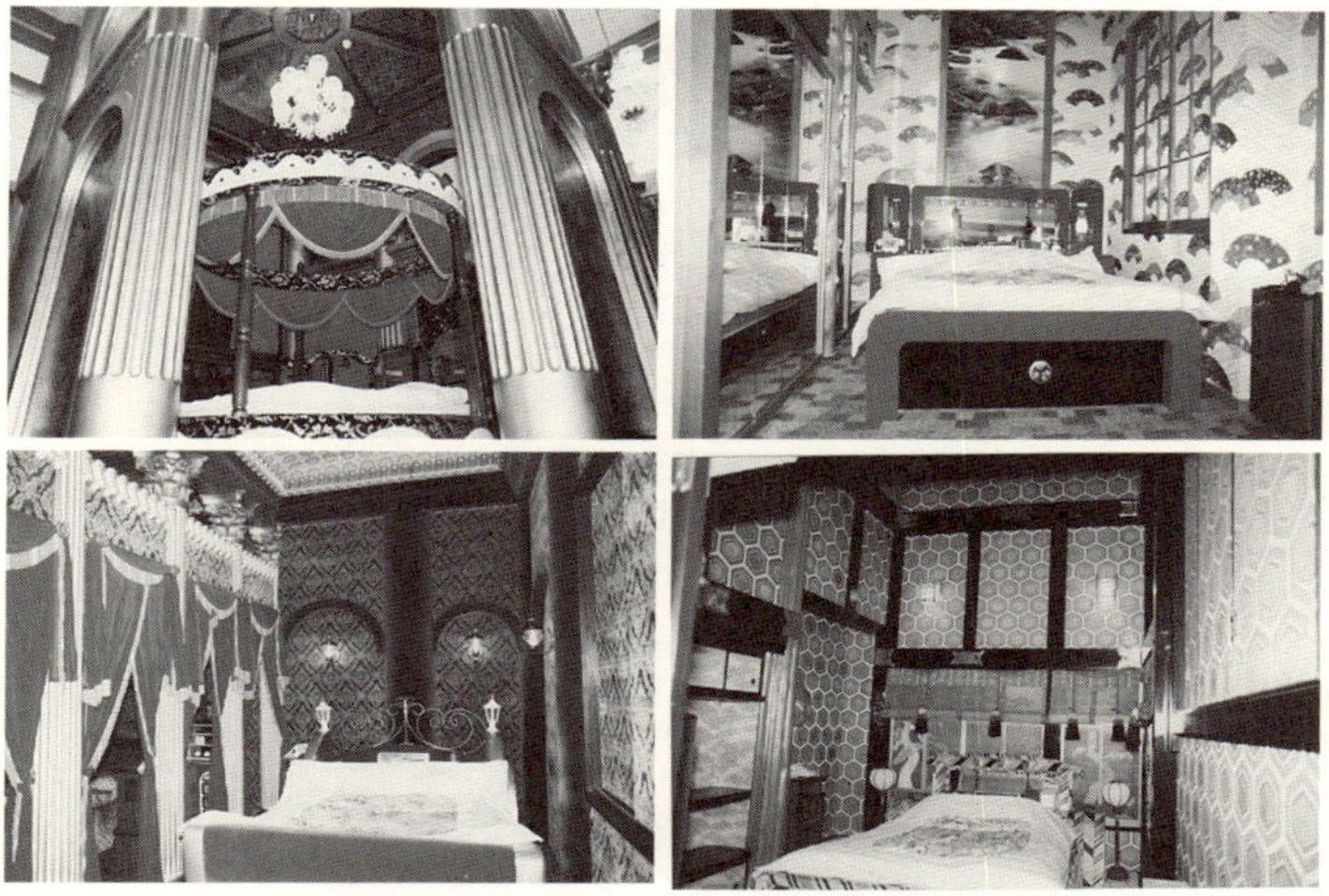

図3-4　デラックス化されたラブホテル
王宮や，殿様をイメージした部屋が多かった（写真提供：小山立雄）。

文言と大阪のホテル街である生玉神社近くに立地していることからラブホテルである可能性が高いが、「歌舞伎調」は「城」ほど決定的なキーワードではない。

それにしても、なぜ「城」なのだろうか。ひとつは「目黒エンペラー」の影響が大きいだろう。

ラブホテル業界は「真似しい業界」といっても過言ではない（図3-7、8）。特に平成に入るまでのラブホテルは企業ではなく、家業であった。したがって、ほとんどのオーナーが手探りかつ、見よう見まねで経営していた。それでも一軒建てれば一家が一生暮らしていけるくらい儲かる事業だったという。ラブホテルオーナーだった父の話を書いた、加藤氏の自伝的著書を引用したい。

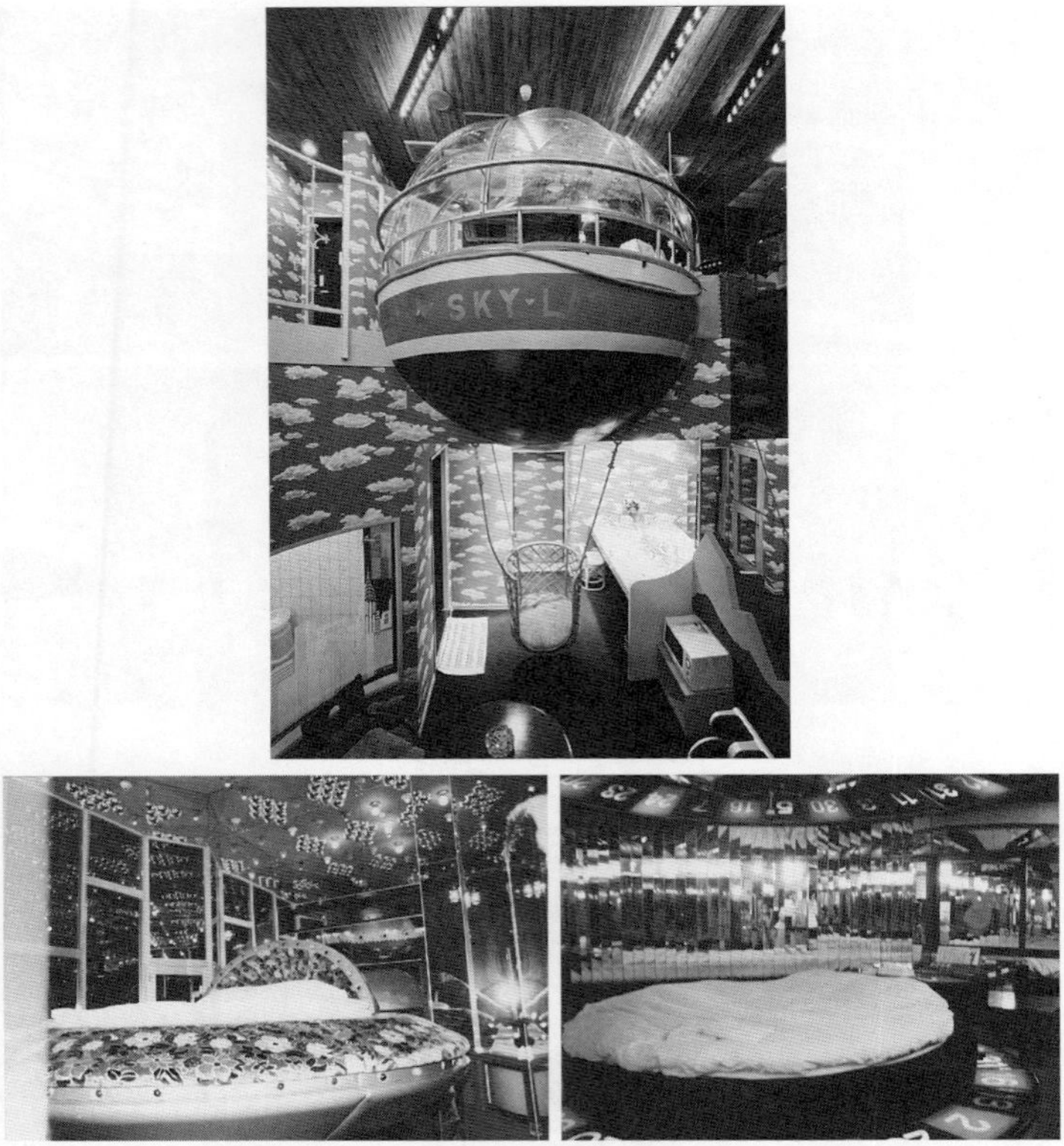

図3-5　非日常を演出された部屋

風営法改正以前は，様々な電動ベッドが考案され，壁一面に鏡が取り付けられるなど非日常な演出が各部屋に施されていた（著者撮影）。

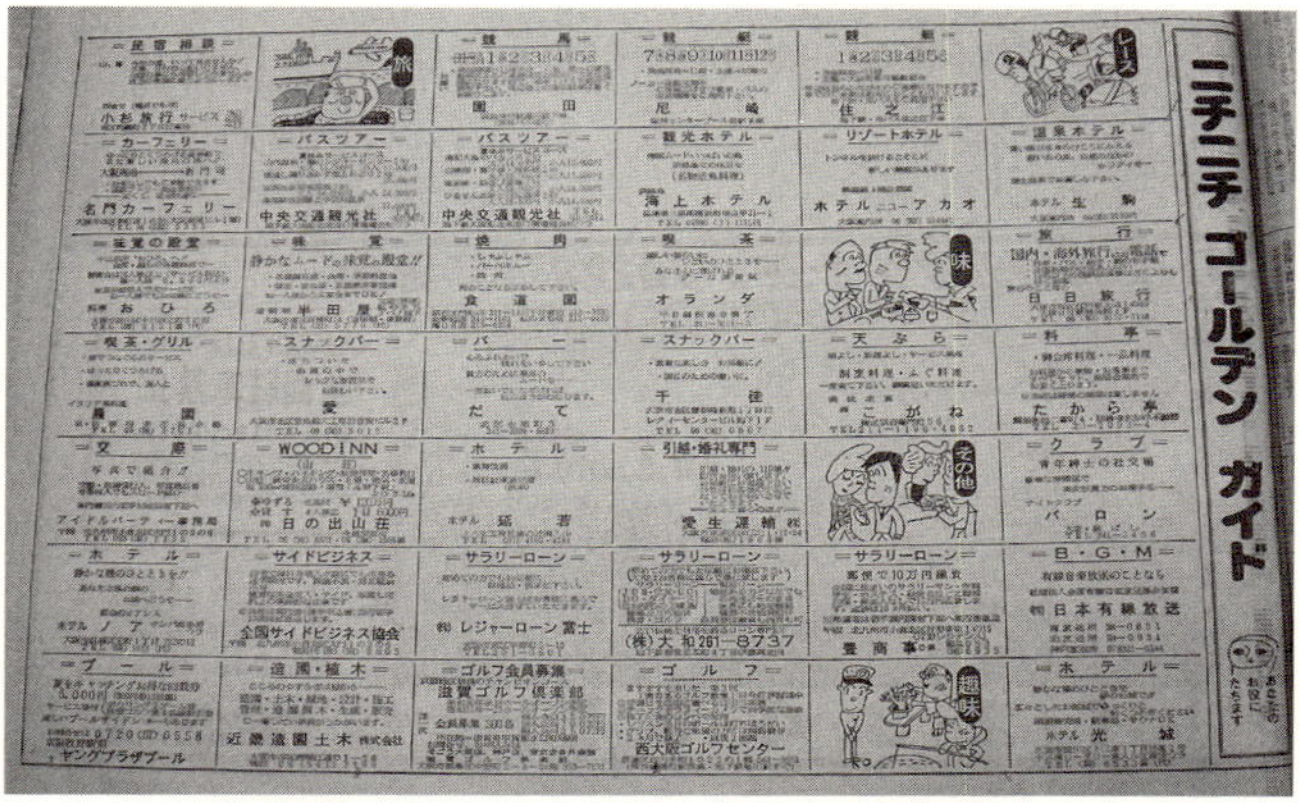

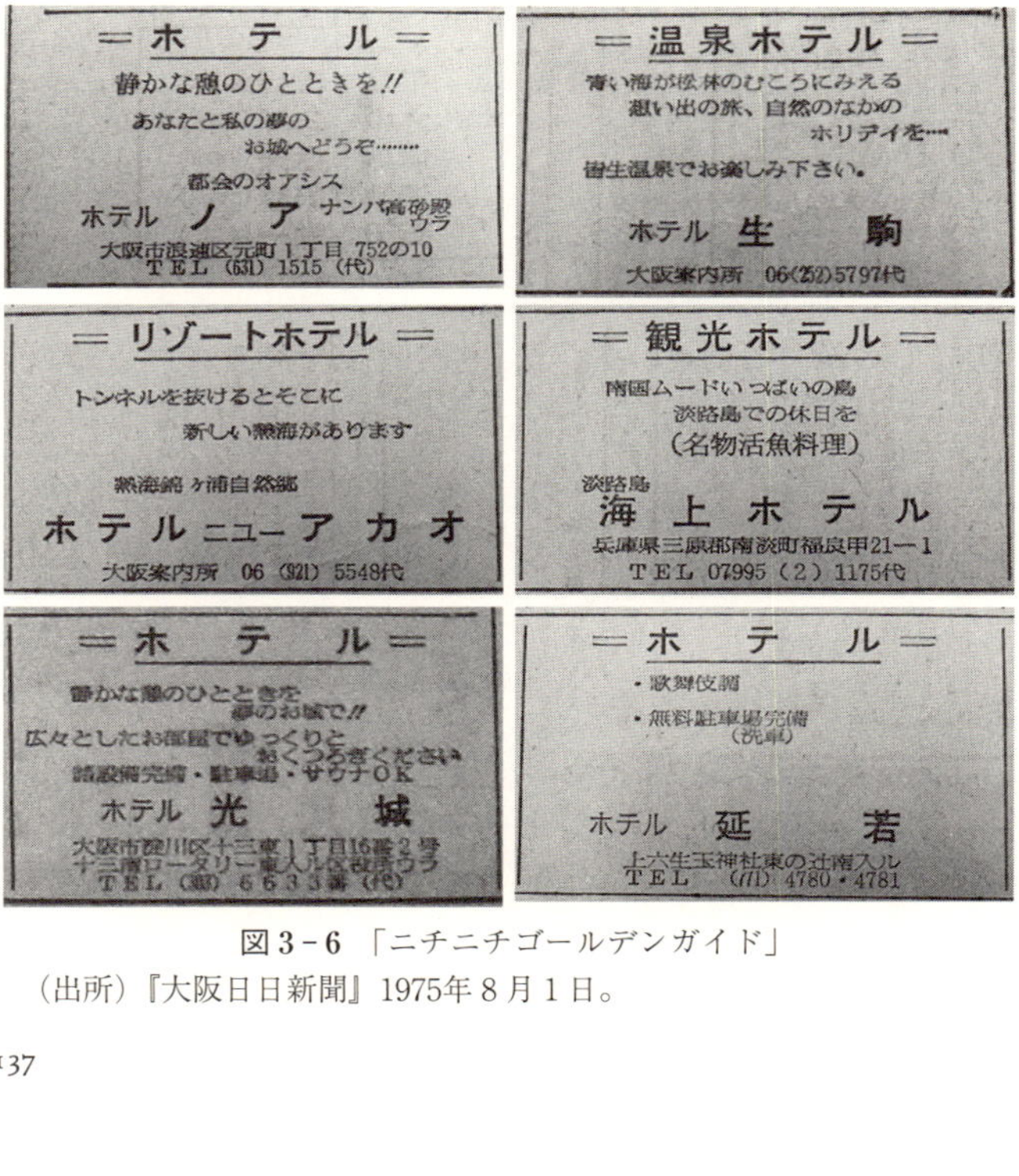

＝ホ　テ　ル＝
静かな憩のひとときを!!
あなたと私の夢の
お城へどうぞ……
都会のオアシス
ホテル　ノ　ア　ナンバ高砂殿ウラ
大阪市浪速区元町1丁目 752の10
TEL (631) 1515 (代)

＝温泉ホテル＝
青い海が松林のむこうにみえる
想い出の旅、自然のなかのホリデイを…
宿生温泉でお楽しみ下さい。
ホテル　生　駒
大阪案内所　06(252)5797代

＝リゾートホテル＝
トンネルを抜けるとそこに
新しい熱海があります
熱海錦ヶ浦自然郷
ホテル ニュー アカオ
大阪案内所　06 (921) 5548代

＝観光ホテル＝
南国ムードいっぱいの島
淡路島での休日を
(名物活魚料理)
淡路島
海　上　ホ　テ　ル
兵庫県三原郡南淡町福良甲21−1
TEL 07995 (2) 1175代

＝ホ　テ　ル＝
静かな憩のひとときを
夢のお城で!!
広々としたお部屋でゆっくりと
おくつろぎください
諸設備完備・駐車場・サウナOK
ホテル　光　城
大阪市淀川区十三東1丁目16番2号
十三南ロータリー東入ル区役所ウラ
TEL (303) 6633番 (代)

＝ホ　テ　ル＝
・歌舞伎調
・無料駐車場完備
(洗車)
ホテル　延　若
上六生玉神社東の辻南入ル
TEL (771) 4780・4781

図3-6 「ニチニチゴールデンガイド」
（出所）『大阪日日新聞』1975年８月１日。

図 3-7　剃刀ケース
ハーレーダビッドソンに酷似したホテルのマーク。

図 3-8　剃刀ケース
たばこのデザインを真似したホテルもあった
(株式会社東京マツシマ保管，髭剃りケース) (著者撮影)。

昭和三一年、父は三〇代でラブホテルの経営に着手する。当時の日本は急成長の真只中にあり、景気は伸び続け、モノを作れば売れるという時代だった。特にラブホテルは立地さえよければ必ずヒットした。当然、父の事業は繁盛し、相当な資産と不動産を手に入れた。私達の会社の経営基盤はこの時期にできあがったといってもいい。

そのころはラブホテルをつくるためのシステムなど何一つ確立されておらず、設計、施行など取りまとめるゼネコンも現在のように多くなかった。父は木材会社に勤めていた経験を基礎に、自己流でラブホテルに取り組み、末端のペンキ屋やクロス屋へ走り回って直接発注しなくてはならなかった。

（加藤友康『LOVE HOTEL REVOLUTION 変貌する欲望空間』鹿砦社、一九九五年）

建てれば儲かった時代、ホテルは自己流で建てられた。どう建てればいいかわからない経営者は、他のホテルを模範するしかなかった。だから、どこかのホテルが流行ると、名前から造りからそっくりそのまま真似をしてしまう。「目黒エンペラー」が流行った頃は、全国に「エンペラー」もしくは「〇〇エンペラー」という名前のホテルが登場し、高速道路の脇に、田園に、繁華街に、次々と城が出現したのである。

ラブホテルの広告

ラブホテルは宣伝するのが難しい業界であった。

図3－9　外観が「豪華客船」のホテル（著者撮影）

前出の松村氏のインタビューに「目黒エンペラー」はメディアを使って宣伝したという話があったが、それまでのラブホテルは実態などといった現象や、そこで起きた事件が取り上げられることはあっても、雑誌に情報として取り上げられることは少なかった。新聞でも地方紙に広告を出すことはできたが、表現の制約や読者が限定されるという問題があった。スポーツ新聞関係者に事情を尋ねた（『東京スポーツ』関係者、二〇一二年一月メール問合）。

「ラブホ広告の件、広告局の部長に確認したところ、ここ一〇年は全く載ってないそうです。最後に載ったのは「ネット完備と書いた記憶がある。それが売りになった頃、二〇〇〇年前後だったと思う」とのことです。また、表現的な問題もあり、ラブホではなく「ブティックホテル」と称していたと。ただ、元々出稿本数は少なかったそうで、「関東一円＋αの広い範囲で販売している新聞だから、利用者の範囲が限られがちなラブホはあまり馴染まない」と。広告料とのバランスの問題もあると思います。他のスポーツ紙の広告もチェックしているそうですが、思いつく限りここしばらくラブホ広告は見たことないそうです。」

その点、城は外観そのものが広告になったのではないだろうか。本物の城以外、城の形状をした建物は他にあまりない。ましてや、西洋風の古城など目立たないわけがない。

当時は、特にゴージャスで非日常な空間はもてはやされていた。建物自体が広告塔になってゴージャスで非日常…そう考えると、城は究極の外観だったのではないだろうか。

ラブホテルという名称

さて、今や誰もが知っている「ラブホテル」という名称はいつから誕生したのだろうか。

定説では、「ラブホテル」という名称は、一九七〇年頃誕生したとされている。一九六九年に東大阪市に開業した「ホテル・ラブ」の屋上には回転するネオンがついており、回りながら光る文字がホテルラブ→ラブホテルに見え、当時のタクシー運転手などの口コミで全国に広まった。これが雑誌や書籍によく取り上げられている説である。

しかし、当時「ホテル・ラブ」を経営していたオーナーに直接問い合わせてみたところ、「ホテル・ラブ」をつくる前から「ラブホテル」という言葉をすでに使っていたという。実際どういう経緯で「ラブホテル」という名称が生まれたのかはわからない。しかしその名称を浸透させたのは、マスコミによる力が大きかった。特に当時の人気深夜番組『11PM』で「目黒エンペラー」を「ラブホテル」と紹介したことは、「ラブホテル」という言葉を世の中が一気に認知するきっかけになったのではないかと考えられる。テレビで紹介された言葉の浸透力は、タクシー運転手の口コミよりも説得力があるのではないだろうか。

辞書に「ラブホテル」という語句が登場したのは一九八三年（『広辞林第六版』三省堂、一九八三年）だが、一般的にはそれより以前にすでに浸透していた。

一九七三年には雑誌などの見出しに「ラブホテル」という名称がモーテルと一緒に使われはじめ、一九七九年には『現代用語の基礎知識一九七九』にも項目が登場している。言葉の由来は不明だが、当時のホテルを表す言葉として「ラブホテル」という名称は急速に広がっていった。

ビル型やお城といったような、洋風の外観が「連れ込み宿」という言葉を払拭し、その後様々な名称が生まれたが、マスコミで一番多く使われたのは「ラブホテル」だった。

雑誌で、「ラブホテル」という言葉を見かけられるようになったのは、一九七三年頃からである（表3-1）。それまでは、連れ込み旅館、連れ込みホテル、同伴ホテル、アベックホテルなどといった言葉が使われていたが、一九七三年に女性週刊誌に「ラブホテル」という言葉が登場してからは、ほとんどの雑誌が同じように表現するようになった。

その背景には、豪華設備のモーテルや「目黒エンペラー」の開業で、デラックス化された洋風の外観のホテルが次々と現われたことがある。ラブホテルという言葉は、当時のホテルのイメージにぴったりと当てはまるネーミングだったのだろう。

翌一九七四年からは特集内容も変化していく。男性週刊誌に多く見られていた、そこで行われるセックス記事を中心とした内容から、「目黒エンペラー」のような、ゴージャスなホテルの紹介記事が加わり、ホテルの外観、部屋などのグラビア写真も多く掲載されるようになった。

また女性誌では、初めてラブホテルを利用する時のレクチャーなども特集されるようになり、ラブホテルへの人々の興味が高まっていたことがうかがえる。

当時、週刊誌や新聞でラブホテル関係の連載を手掛けていた漫画家の近藤利三郎氏に話を聞いた（近藤利三郎、漫画家、二〇〇五年七月八日インタビュー）。

「その頃週刊誌はね、頭に「ラブホテルの～」と書けば必ず原稿が売れるんですよ。ラブホテルの真昼の情事とか。「近藤さんこういうタイトルで漫画入れて書けないか」と。でもホテル行っても部屋の中見れるわけじゃないしね。でも毎日行ったら何かがわかるはずやと。だから毎日行ったんですわ。行ってるうちに、販促宣伝顧問としてラブホテルの顧問も一〇軒くらいやるようになって。

あの頃はね、桜ノ宮なんか見てるだけで興奮できたんよ。黄金風呂とか、「何かな？」「入りたいなあ…」って。そういうことに興味ある人が多かったからね、書けば書くほど、原稿が売れた。一カ月で三六〇万くらいもらっとった。その当時は、ラブホテルという名前だけで興奮する人が多かった。今なんかラブホテル行っていきたからと言って、腰抜かす人おらんでしょ？　その辺お茶飲みにいくんと一緒の感覚なんちゃうの？　そうなるとあかんねん。市民権を得てまうと、マスコミの材料としてはもうあかんの。そんなもん書いてもお金にならん。急にそうなったんよ。バブルがはじけてからね、もうあかんようなった。」

表3-1　貸間産業名称表（1970～95年）

	1970	71	72	73	74	75	76	77	78	79	80	81	82	83	84	85	86	87	88	89	90	91	92	93	94	95
ご休憩旅館												1														
さかさくらげ																		1						1		1
連れ込み旅館																				1						
連れ込み宿				1	1	1																				
♨ホテル																		2								
♨H																1										
同伴ホテル				3																						
連れ込みホテル				3	1														1							
アベックホテル	1				1																					
モーテル	1	4	5	18	7	13	2	3	4	13	3	7	6	4	2	1			1		1					
モテル		1		4	1		1	1	4	2	1															
MOTEL		1																								
LOVE MOTEL					1																					
ラブホテル				4	13	12	13	11	15	19	24	31	39	36	48	25	31	21	19	11	25	19	14	20		
ラブ・ホテル				2	8	7	3	5	4	4	6			6	5	1		2		1		1		1		
LOVE ホテル																	1	1								
LOVE HOTEL												1	1			1		1	1							
LOVE PLAY HOTEL																	1									
ラブ・テク・ホテル																			1							
愛のホテル																								1		

プレイ・ホテル																1	3				1		2			
カップルズホテル																	1									
レジャーホテル						1								1			1		1			1				
ファッションラブホテル															1											
ファッションホテル															4		3			1	2	2			2	
ファッション・ホテル																2		2				1				
FASHION HOTELS																	1									
LOVEファッションホテル																		1								
ブティックホテル																		1	2	4	2	4	3	3		
ブティック・ホテル																		1					1			
B(ブティック)ホテル																				1						
アミューズメントホテル																					1	1			1	1
アミューズメントHホテル																								1		
Hホテル																					1				1	

（出所）『大宅壮一文庫雑誌記事索引総目録』（1985～1997）年を基に作成。

当時「ラブホテル」という言葉は〝読者を興奮させる装置〟として扱われていた。特集内容は変化しても、セックスに結びついている記事には変わりなかった。ラブホテルには常にセックスの影が付きまとっていたのである。その影は規制の対象になり、一九八五年にラブホテルは「店舗型性風俗特殊営業」の一つとして位置づけられる。次節では、規制がラブホテルに及ぼした影響について触れたい。

2　女性が喜ぶファッションホテル

一九八五年に、「新風営法（風俗営業等の規制及び業務の適正化等に関する法律）」が施行される。そこでモーテル・ラブホテルは、「店舗型性風俗特殊営業」のひとつとして位置づけられた。それまで厚生省が管理していたラブホテルが、警察の監視下に置かれることになり、曖昧だったラブホテルの形態が具体的に記された。わかりやすくまとめると、以下の通りである。

・食堂及びロビーの広さが一定の基準以下なら、ラブホテルである。
・客と対面式の料金の受け渡し、鍵の授受を行うフロントがなければラブホテルである。
・動力により、振動したり回転するベッドが設置されていればラブホテルである。
・横臥している人の姿態を映すために設けられた鏡（一㎡以上のもの）があればラブホテルである。
・浴室のシースルーガラス、自画録ビデオ装置など〝扇情的な〟仕掛けがあるのはラブホテルである。

これは、ラブホテルを禁止する法律ではなく、ラブホテルの定義を明確化し管理するための法律であった。それは逆に考えると、定義上のラブホテルに該当しない建物を作れば、ラブホテルではないということになる。

食堂やロビーを設け、鍵の授受を対面で行い、大きな鏡や電動ベッド、セクシャルな仕掛けを撤去すれば、事実上ラブホテルでも登録上ラブホテルではないホテルが完成した。

新風営法の影響で、ラブホテルから様々な仕掛けが姿を消し、それまで「ゴージャス」思考だったラブホテルは「シック」や「シンプル」といったような思考に変わり始める。しかし、実際のところ新風営法が施行される前から、そういった傾向はあった。

シンプル化の理由

シンプル化を促したのは、ホテル選びの主導権が女性に移り始めたことが大きいといわれている。一九八四年頃からファッションホテルという呼称が登場し、ホテルが「女性」を意識し始めた。

お城やゴージャスな内装は、一見「女性のよろこびそうなもの」だが、女性はそこに「連れ込まれる」もしくは「連れて行ってもらう」存在だった。そういう意味では、それまでのホテルは「男性」が主体だった。

たとえば、どんなに設備が豪華なラブホテルでも、男性用のアメニティグッズしか用意されてなかったという。ラブホテルのアメニティを中心に取り扱ってきた株式会社東京マツシマの松村一夫氏に話を

図 3 − 10 「シャンティ PART II」の広告

（記事引用）最近のホテルはファッション化がどんどん進んでいるといわれている。内装も豪華さがいっぱいにあふれている。だが，男性の好みばかりが先走っている感じがなきにしもあらず。そこで女性の好みにもぴったり合う部屋を紹介してみると——。

（出所）『大阪日日新聞』1984年10月17日。

図 3 − 11 「ロンシャン」の広告

ゴンドラがあるハネムーン・ルームや，洗濯ができるランドリー・ルームがある。

（出所）『大阪日日新聞』1984年10月19日。

聞いた（松村一夫、株式会社東京マッシマ代表取締役、二〇〇七年五月七日、六月六日インタビュー）。

「（アメニティグッズは）男性用しか置きませんでした。女性は持ってるから置かなくていいということでね。アメニティはそういう意味では最初は男性を中心に考えられていました。ポマードの代わりのチックとか、リキッド、あとヘアトニックね。顔のものよりも頭のものの方が主だったね。最初は女性のことを全然考えませんでしたね。レジャーホテルやファッションホテルと言いはじめる昭和五八年くらいまでは、やっぱり男性主体の宿だったんですよ。ラブホテルとは言われてたけど、やっぱり連れ込み宿って意識が強かった。男性が手を引っぱって連れ込むっていうね。」

バブル景気の影響や、婚前交渉に対する倫理観が変化したことで、素人のカップルもラブホテルを多く利用するようになった。

この頃になると、どちらかが連れ込んだり連れ込まれたりするのではなく、ラブホテルに「カップルで一緒に入る」という新しい感覚が出てきた。ホテルを選ぶ時にも、女性の意見が取り入れられるようになったのである。

そして、いかにもラブホテルというようなゴテゴテした装飾のホテルだけでなく、シンプルなマンション風のラブホテルが作られるようになった。

女性のニーズがラブホテルのシンプル化を促したというのは、一見スマートな流れにみえる。しかし、シンプルなラブホテルが急増した理由は他にもあったと関係者は語る。

D氏（ホテル経営者） シンプル調に仕上げようと思ったら、材料にもよると思うんですが、結構安く上がるんですよ。あまり考えずに、マンション建てる感覚でね、やりやすいですよね。

（二〇〇五年七月一一日インタビュー）

西岡裕二氏（株式会社西岡裕二設計研究室代表取締役） 風営法だけが原因ではないですね。その時期、工事費もとんでもなく上がったんですよ。その頃からホテルがシンプル化していったのは、安く上がるからというのもあったと思います。お客さんも新しいものを求めてたから、それまでのゴテゴテしたホテルじゃなくて、シンプルなホテルというのが目新しさで受けたというのもあると思います。でも一番の理由は工事費が安く済むからですよ。

（二〇〇七年七月一七日インタビュー）

野村岩男氏（元ラブホテル建築家、三陽建設代表） ホテルが安モンばっかり使うようになったのは、風営法ができてからやね。風営法ができてからは、建築の質が落ちました。風営法ゆうのは、あまりにホテルのブームが強すぎたから、抑える意味もあったんやね。それで、簡単な形になったら、普通の建築やってた人もやれるようになって、そういう人らが見よう見まねで簡単なやり方するようなったさかい。マンション形式を取り入れるようになって、質は落ちました。シンプル化は女性のニーズみたいに言われてますが、それはキレイ事やね。流行りや好みは変わっていったかもしれないけど、それは後からついてきたもので、ホテルがシンプル化していたのは風営法の影響が大きいです。それと安上がりになったということですね。

（二〇〇五年七月二〇日インタビュー）

一九八五年代に入ると、ホテルを建ててもすぐ満員になるという時代ではなくなっていた。一時期は、一泊三〇万円の部屋が登場して話題になったり、「〇〇億円かけたホテル」というような、お金をかけて建てたホテルが話題になった時代（図3－12、13）もあったが、一九八九年には「目黒エンペラー」も廃業、各地でラブホテルの過当競争が繰り広げられ、値下げ合戦が始まっていた。

そして、安く仕上げられるラブホテルのシンプル化にますます拍車がかかっていったのである。居心地のいい空間を追求する建築士の一人であるS氏は、当時の状況を肯定的に語る。

「あの頃は奇をてらったというか、いかにもラブホテルというような空間を作っていた時期ですね。そこで行政の網がかかった。セクシャルな要素を取り入れすぎると商売と絡める意味合いが出てくるし、あの頃あまりにもそういうホテルが秩序なく全国にできてしまった。それが国会でも論議になって、これは規制をかけなければいけないという方向になり、新風営法ができたんです…。結果、シンプルでスタイリッシュなホテル作りの方向に変わっていきました。

この業界って、いわゆるパクリが多いのですが、それまで世界のいろんな要素を取り込んだような

図 3－12　「PARiO LAFORE」の広告
50億円かけて作られたホテルの広告。屋上にプールが付いている。
（出所）『大阪日日新聞』1984年10月14日。

図 3－13　ホテル廊下の階段
急激にデラックス化された1975年代に建てられたラブホテルは，外観や部屋だけでなく，階段にも凝った装飾が施されていた（著者撮影）。

〝なんちゃって空間〟が本当に多かったんです。何でもありのような…「ホテルパリジェンヌ」って書いてても、中に入ると「どこがパリジェンヌなんだ」というホテルだったり、「大奥」というホテルにヨーロッパ風の部屋があったり、要するに何でもありだったんです。当時は海外旅行に行くといってもそう簡単にいけない時代でした。だから求められていた部分もあったと思うんですが…。ただそれが、シンプルでスタイリッシュな方向に向いたのは、法律の規制と、世の中が、何を言いたいんだかわからないホテルに興味がわかなくなったってことじゃないですか。」

「新風営法施行でやむを得ずシンプル化」「おまけに安く済んだからシンプル化」されたラブホテルは、本当の意味で女性のことを考えて作られたわけではなかったのである。

女性のニーズ

一九八九年に爆発的にヒットしたホテル「シャルル・ペローの白いチャペル」が、ホテル選びの主導権が女性に移ってきたことを明確にした。そこでラブホテル業界に「女性の心を摑めば儲かる」という新たな公式が生まれ、女性のニーズがどこにあるのかが意識されるようになった。その流れを作ったのは、当時まだ二十代だった二代目経営者の加藤友康氏である。加藤氏の自伝を引用したい。

リニューアルを決めた茨木の「ホテルニッポン」は、昔ながらの典型的なラブホテルだ。

「今までのやり方では、事態を好転させることはできない。画期的な何かを仕掛けなくては…」

そこで私は、まず関西にあるすべてのラブホテルを調査してまわった。ちょうどそのころから世の中のトレンドは女性主導型になり、ラブホテル業界においても女性がホテルを選ぶ時代になっていた。そんなトレンドを捉えたラブホテルが徐々に主流になろうとしていた。

しかし、確かに女性をターゲットにしているであろう、それらのホテルをじっくり観察してみて、私はある種の疑問を抱いていた。

「これが本当に女性に喜ばれているのだろうか？」

パステルカラーに彩られたインテリア、ファンシーなキャラクターを全面に打ち出した遊園地のような空間…。一見、いかにも女性ウケしそうな演出ではあるが、こうした発想は、やはり「男性がイメージする女性の感性」という気がする。現在の女性は、もっと成熟してるし、洗練されている。どう考えても、これらの空間に彼女達のライフスタイルが反映されているとは思えない。

（加藤友康『LOVE HOTEL REVOLUTION 変貌する欲望空間』鹿砦社、一九九五年）

加藤氏は、教会をイメージした白い外観やケーキのルームサービスなど、今までのラブホテルになかった案をどんどん取り入れ、大阪・茨木にあった「ホテルニッポン」をリニューアルオープンさせた。それが「シャルル・ペローの白いチャペル」である。

白いチャペルの出現は、お客様だけではなくレジャーホテル業界にとっても相当に衝撃的だったようだ。教会をモチーフにした清楚なデザイン。若い女性のニーズを徹底的に追求した空間づくりとサービスの提供。快適性と清潔感をなによりも優先させたオペレーション。白いチャペルはお客様側からの視点を最重要視し、従来の凝り固まったレジャーホテル観からの脱却をはかり、素人ならではの斬新なアイデアを盛り込むことによって勝つことができた。

噂はまたたく間に広がり、レジャーホテルの常識を打ち破った白いチャペルを一目見ようと、全国のレジャーホテル関係者が私達のもとを訪れた。

こうして、白いチャペルは新しいエポックとしてその存在価値をおおいにアピールすることになり、これからのレジャーホテルの方向性にひとつの指針を示した。そして、私たちも日々運営を重ねるごとに、どうすればお客様のハートを掴むことができるかが次々と見えはじめてきた。

「基本さえ押さえれば、あとはもうこっちのもの！」

そこで、私達は白いチャペルのノウハウをシステム化し、新たなレジャーホテル開発に着手していった。八八年に堺の「そして……チャペル物語」、八九年に難波の「ハーフムーンが笑ってる　リトル・チャペル」、そして九二年には泉大津「ル・チャペル　フィレンツェの恋泥棒」。

一年に約一店舗のペースでオープンし、次々と成功させていった。

（加藤友康『LOVE HOTEL REVOLUTION 変貌する欲望空間』）

図3-14　従来の待合室（著者撮影）

カトープレジャーグループが手掛けるホテルは必ず行列ができた。待ってでもそのホテルを利用したいという客が毎日のように長蛇の列を作った。加藤氏はその状況を見て、待合室（ウェイティングルーム）を充実させることにしたという（図3-14、15）。当時の話を聞いてみた（加藤友康、カトープレジャーグループ代表取締役、二〇〇五年九月一二日インタビュー）。

「ウェイティングルームを一番最初に作ったのは難波の「リトルチャペル」ですね。その前にも和のスタイルのホテルで、玄関入ってきたところに四畳半くらいの小部屋みたいなのがあって、ここでお待ちくださいみたいな風にやっているところもありましたね。でも僕自身が、なんかあそこで待つの嫌だなと思って。我々のホテルって、大体行列ができたりするじゃないですか、そんな時に待たされる側の気持ちを考えたらね…。

　それで、個室があったら嬉しい、そこに飲み物があったら嬉しい、TVもあったら嬉しいなと。その後、ウェイティン

図3－15　現在のウェイティングスペース
スタイリッシュに仕切られている。ここで，飲み物なども注文することができる（著者撮影）。

客同士の仕切りがなく，開けた空間になっている（著者撮影）。

グルームは他のホテルにも広がっていきましたね。」

女性のニーズが取り入れられたことで変化したのは、待合室（ウェイティングルーム）だけではない。二十代若手経営者の案は全国のホテルに大きな影響を及ぼし、この頃からホテルのサービスが本当の意味で向上していく。

居心地のいい空間

関西に白いチャペルが次々と出現して、ホテルのサービスが変化し始めた後、関東でも同じような現象が起こる。「ウォーターホテル」の出現である。「ウォーターホテル」は一九九五年に建てられた〝水〟というひとつのコンセプトに基づいて作られたホテルで、不景気のなか口コミだけで爆発的な人気を呼び、ホテル関係者を驚かせた（図3-16）。最初にウォーターホテルを作った建築士に話を聞いた（桑原義弘、株式会社プラスエフ建築設計室代表取締役、二〇一〇年一二月二二日インタビュー）。

「うちがウォーターホテルの一軒目を発表した時は、まだ日本国内では水をお金で買うという意識が薄かった頃です。ミネラルウォーターも自動販売機で売ってない時代に、水というテーマでホテルを作り、発表したのです。水というコンセプトを決めて、ネーミングから建物のイメージ、エントランス、客室にいたるまで全て同じ環境音楽を流すとか、一貫した流れをつくりました。普通は見た目

図3-16　ウォーターホテルの一室（著者撮影）

で入る部分が強いけれど、私の作り方は目・耳・手など、五感で感じていただく、それをなんとなく自然に感じる部分を追求しました。

人が自分のプライベートな時間や休日を過ごす場所や、旅行に行く時なんかにどういう場所に行きたいかを想像しました。すると、綺麗なところ…。綺麗な景色とか、綺麗な水とか、生き物は全てそうだと思うんですけど、一番くつろげるのは自然の近くだなと。決して高級な空間ではないと…。ウォーターホテルは宣伝しなくても、ずっと行列ができていましたね。やはりそれは口コミだと思います。今までなかったホテルの作り方だったから人の関心を集めたんだと思います。

とにかく、自分が行ってみたいホテルを作ったんです。まずは名前から始まりました。それまでのホテル業界は、ネーミングと建物と部屋の中が全部バラバラだったんです。だけどただ単にシンプルにしようと、シティホテルを真似ただけみたいなホテルでもなくて、ひとつのコンセプトでまとめたというのがウォーターホテルの新鮮なところだったんじゃないかなと思います。だから色んな意味で挑戦をしました。とにかく、行ってみたい、泊まってみたいと思っていただけるホテルを作りました。長時間いても居心地がいい…。

セックスということだけで考えたら赤とか黒の空間でもいいのかもしれませんが、それが自分の部屋では考えられないですよね。居心地のいい落ち着く空間、ほっとできる優しい空間、それがウォーターホテルの空間デザインです。」

「ウォーターホテル」は、ホテル業界に「居心地のいい空間をつくる」概念を与えた。その影響力をリネン業者が語る（二〇一〇年一二月二〇日インタビュー）。

「僕は一九八九年に入社したのですが、一番の変化はベッドが大きくなったことです。昔は一二〇～一四〇のサイズの小さなダブルでした。徐々に変わってきたんですけど、一五年くらい前から徐々にですね。今は一八〇のキングサイズが主流となってきていますね。バスタオルも大きくなり、サイズ、目方がほぼ二倍になりました。また、厚手のバズローブが居心地のいいホテルの必須アイテムとなりました。シティホテルに近づいてきた感じです。

それらはウォーターホテルの影響が大きいですね。ウォーターホテルが出てきて、すごく人気が出て、他のホテルも追随するようになって、ホテル全体がシティホテル化したんです。

八〇年代はピンクの時代で、シーツもタオルもピンク中心でした。布団カバーもテレビ型とか和式というか、中央に穴が開いているカバーがほとんどでしたね。

九〇年代はロゴ入りが流行りました。布団にホテルのロゴを入れるという。その後、柄物のカーテンをそのままプリントしたカバーも流行りました。でも現在は、圧倒的に白が人気ですね。」

その後ウォーターホテルは各所に同じコンセプトで建てられ、いずれも人気を呼んだ。

「目黒エンペラー」の時と同じく、ラブホテルはどこかのホテルが流行ると、それを必ず模範したホテルができる。

チャペル系列のホテルやウォーターホテルは、ラブホテルが〝本当に女性が喜ぶホテル〟や〝居心地のいいホテル〟を追求するきっかけとなった革命的なホテルであった。これらのホテルの出現もあり、ラブホテルは外観や部屋のあり方を考え直すことになった。

第四章　ラブホの現在

1　「ラブホ特集」の影響

それまで男性週刊誌などで、セクシャルな話題として取り上げられることの多かったラブホテルを、〝話題〟ではなく〝情報〟として取り上げたのが情報誌の「ラブホ特集」である。ラブホテルが女性の喜ぶ空間や、居心地のいい空間を追求するようになると、ラブホテルの取り上げられ方が変わった。雑誌によって実用的なラブホテルの情報が利用者に提供されるようになると、ラブホテル側も変化を余儀なくされた。

本章では、「ラブホテル」を「ラブホ」に変えた情報誌の役割に注目する。

「夜遊びスポット」としての紹介

情報誌に堂々とラブホテルが取り上げられたのは、一九九四年の『ぴあ関西版』である。それまで話題として小さく取り上げられることがあっても、それはニュースであり、「情報誌が発信する情報」つまり実用的な「使える」情報ではなかった。

最初ラブホテルは、「快適超夜遊びスポット」という夜遊び特集のワンコンテンツとして取り上げられた。終電後に始発まで過ごせるスポットとして漫画喫茶やカラオケ、サウナなどと共に取り上げられ、「レジャーホテル」と紹介された。内容は、当時人気のあった三軒のホテルの紹介と、ホテルのサービスなどが主だった。それは、ラブホテルのセクシャルな側面に焦点を当てることの多かった週刊誌とは異なった、実用的なラブホテルの紹介記事であった。その時の仕掛け人である藪内知利氏に話を聞いた(当時『ぴあ関西』編集者、二〇〇六年九月六日インタビュー)。


「僕は、なんとなく予感として、ラブホテルだけの特集をやったらおもしろいんちゃうかなと思ってたんです。その頃のラブホテルというのは、僕が大学生の頃に行っていたラブホテルとは様変わりしていて、それこそレジャー施設的なソフトがどんどん組み込まれてきてたんです。中に入ると、部屋空くのにみんな堂々と待ってましたからね。

枚方に「チャペルココナッツ」というホテルがあるんですけど、その頃あそこだけ飛びぬけてすごかったんです。本当に行列がね、出来てて。僕、それで驚いてね…ラブホテルの特集やったら当たるかなあなんて思ってたんですよ。

この現象を紙面でいやらしくなく紹介するにはどうしたらいいかなって。それで、ラブホテルの特集なんて出来ないから実験的に、違う特集の中のテーマのひとつとして違和感なく組み込んでみて、それで読者の人の反応を見てみようと思ったんですよ。反応見るために、招待券とか割引券とかのプレゼントをつけて。

その応募ハガキが、予想していたよりも随分たくさんきたんですね。何通来たかは覚えてないんですけど、「おお！　こんなに来るんや！」と驚いたことは覚えています。一言感想を書くところがあったんですけど、「ホテルだけの特集をしてください」という感想が非常に多かったんですよ。

それで当時の編集長にこれは絶対売れますって言ってみたんです。だけど、『ぴあ』が情報誌というのがネックでね。情報誌というのは、学校なんかも買ってくれてるんですよ。映画とか音楽とかの情報が全部ここに載ってるからって。中学校にも買ってもらっているし、ＰＴＡなんかがうるさいやろうから、やめてくれって言われたんです。編集長もびびっててね。

だけど、これは若い人たちにニーズがあるからやるべきですって何回かプレゼンをして…「そこまでゆうんやったらいこう」と編集長が遂にＯＫを出してくれて、「責任は俺が取るから」って言ってくれはってね。お叱りは確かにありましたが…それでできたのが「行列のできる♡ホテル」です。」

最初に取り上げられたのが、別の特集の中のワンコンテンツであった背景には、情報誌でラブホテルを取り上げるということへの危惧と、全くわからなかった読者の反応を探るための実験的要素が含まれていた。すると発売後、かなりの反響があったという。反響後の話を当時の編集長にインタビューした（渡辺健太、当時『ぴあ関西版』編集長、二〇一二年一月一七日インタビュー）。

「反響があってからは、特に反対しませんでしたね。ただ「ラブホテル」という言葉にはやっぱりネガティブイメージがあったので、ネーミングを変えるようには言いました。それで「♡ホテル」が考案されたんですよ。

それと、ただの紹介じゃなくて、ひねってほしいとは言いましたね。今ラブホテルはここまで進化してるっていう、現象としての情報も入れるようにと。」

「行列のできる♡ホテル」特集

ラブホテルが初めて情報誌で取り上げられた翌年に、『ぴあ関西版』で「行列のできる♡ホテル」という、ラブホテルのみに焦点をあてた特集が組まれることになった。

最初は卑猥なイメージを出さないように工夫したという。当時レイアウトを担当したデザイナーの大槻歩氏に話を聞いた（有限会社ナーゴ代表取締役、二〇一二年一月一七日インタビュー）。

「最初は人物を出しませんでした。生々しさを出さないように配慮して、ペンギンが行列を作ってるデザインにしたんです。ペンギンを選んだのは、並ぶ習性があるからですね…（笑）並んでいるところがキュートな感じがしたので「行列のできる♡ホテル」というタイトルに合うなと。その後からは人物を入れることもありましたが、なるだけ露出が少ない服にするとか、ベッドの上に乗った写真は採用しないとか、「とにかく女の子が手に取りやすいように」ということは意識してデザインしました。」

「行列のできる♡ホテル」特集を組んだ『ぴあ関西版』はいつもよりも三万部上乗せするほど売れたという。前出の薮内氏は、部数という一番わかりやすい形で反響があったので、かなりの手ごたえを感じたという（薮内知利、当時『ぴあ関西』編集者、二〇〇六年九月六日インタビュー）。

「アダルト誌でもない雑誌が、関西だけでまとめてラブホテルを特集したのは初めてのことだったので、周りからは反響すごかったですね。もうバカ当たりで、売り切れ続出でした。ハガキとかそういうことで反響どうこうよりも、部数できましたね。

会社内でも賛否両論でしたけどね。「こんな下品な特集して！」って言う人もいました。特に書店周りの営業してる人は、本屋さんに怒られたって、『ぴあ』はこんな雑誌じゃなかったはずだって言われたって。他の上司にも「バカじゃないの！こんな特集して」と言われたりしましたね。でも三日後くらいに売り切れ続出、注文殺到になって「逆によくやってくれた」ってそれまで怒ってた上司に褒められたりしました。」

読者の圧倒的なニーズが、それまでにあった情報誌の価値観を塗り替えたということである。

「若者が行列を作っていた」という現状を目の当たりにした編集者が、読者のニーズをいち早くキャッチし、それに答えた。アダルト的な雑誌ではなく、他の情報も載っている情報誌というワンクッションがあったことも、読者にとっては買いやすかったのかもしれない。その号の編集後記には、その時代のラブホテルの様子が書かれていた。

〝「ラブホって最近スゴイらしいけど情報少ないと思わん?」「いつも行き当たりバッタリやもんなあ」てな会話から始まったこの特集。取材中に確信したのがホテルと客、双方の進化だ。熾烈なサービス競争に勝ち抜くための様々なアイデアを提供するホテル程、上手に使いこなすリピーター固定率が高い。『H』以外の付加価値ニーズに合わせまだまだ進化を続けそうなこの空間、タブー視せずに楽しんだモン勝ちかもネ!〟

経営者の反応

セックス関連の話題と共に取り上げられることがほとんどだったラブホテルが、実用的な形で情報誌に紹介されたことに、最初ホテル側も戸惑いを見せた。

実際、情報誌編集部が取材したいと申し出ると、怪しまれることも多かったという。前出の薮内氏は当時の状況を語る(二〇〇六年九月六日インタビュー)。

「最初の頃は、どこのホテルも取材とか初めてだから、怪しまれましたねー。

僕はまず、バイクでホテル街をまわるんです。まず、綺麗なホテルっていうのが、第一ですね、清潔感が一番です。バイクでまわって、綺麗っぽいなと思ったら入ってみるというやり方で…フロントにタッチパネルとかあるでしょ？　そういうのをチェックして、「ここ綺麗そうやなあ」とか雰囲気を見るんです。フロントに人がいないから、フロント周りをウロウロして、そのホテルのカードやチラシが置いてあったらもらって、電話番号を控えるんです。そうこうしてるうちに「お客様なにか？」ってフロントの人が出てくるから、その人が出てくるまでにフロント周り見回して、いけそうかどうかを判断するんです。そこで取材したいと思ったら、そのおばちゃんに、「雑誌社のぴあと言います。こういう特集があって、取材をしたいんですが、担当の方いらっしゃいますか」みたいなことを聞くんです。そしたら、大概は「わかりません」みたいなことを言われるんですよ、「経営者は別ですから」って。それで、本社の電話番号を聞く、アポを取って会いに行く、で、「取材をしたいと思ってるんで部屋を見せてください」とお願いをして、部屋を見せてもらえるところまでいって、ここを載せるって決めます。

でもそれだけだと、三〇軒も四〇軒も特集できないし、ネタが不足するんです。次は、いいホテルのオーナーと仲良くなったら、そのホテルのオーナーに紹介してもらうんです。「ライバルと思ってる所はどこですか？」とずばり聞きますね。そういうと、大概教えてくれはるんですよ。組合みたいなのがあって、横のつながりもあって、そこで経営者同士が情報交換したりもしてますからね。そういうところで若いオーナーさんも活発に情報交流して、古き悪しき体質みたいなのを改善していこうって、業界の中の突出した存在になってビジネスメリットを生み出していこうとされてる人が多かったので。」

それまで雑誌では、一部の豪華な設備があるホテルや話題になりそうなホテルしか取り上げられていなかった。

しかし、読者が実際にラブホテルを利用する時の〝情報〟として発信する場合、特殊な構造や豪華な設備よりも重要視されたのは綺麗さ、清潔感であった。普通の綺麗なラブホテルが、情報誌の力によって表舞台に立つようになったのである。

その頃はホテル経営者も二代目に移り、若い経営者の中では、それまでのラブホテルのイメージを払拭させたいという思いがあった。情報誌のラブホテル特集は、そういった経営者の希望と非常にタイミングよくマッチしたのである。

一九九七年からの記事には、若い経営者が顔出しでホテルのサービスを説明している項目もよく見かけられる。横のつながりも後押ししたのか、この頃の特集は、二代目経営者の元気のあるホテルが中心となって取り上げられていることも特徴的である。

広告費という概念がなかった

『ぴあ関西版』のラブホテル特集が人気を博し、ラブホテルの情報が三分の一超を占める、ＭＯＯＫ

本が創刊される。MOOK本はカフェやレストラン、アミューズメント施設からラブホテルまで、カップルのデートスポットの紹介という触込みで作られたが、それはラブホテルMOOKといっても過言ではなかった。このMOOK本が作られた背景には、ホテル側からの広告依頼があったという。情報誌の効果を確信したホテル側が、広告としてラブホテルの紹介を依頼してきた。本の売り上げの他に、広告費も取れるMOOK本はその後定期的に発売されるようになり、ぴあの中でホテル事業部まで作られることになった。

二〇〇四年にはホテル事業部はぴあから独立して、ラブホテル専門の広告代理店に変わる。ぴあ時代から関わってきた小国努氏に話を聞いた（株式会社ワールド・ホテル・コミュニケーションズ東京本社営業部次長（当時）、二〇一〇年一二月二二日インタビュー）。

「当初は、それまで広告宣伝費という概念がなかったラブホテル（以下、ホテル）に営業するのは大変でした。MOOK本発行のきっかけになったような広告依頼をしてくるホテルさんというのは、最初からマーケティングをして、施設を建て、戦略的に運営するような企業的な考えのあるホテルや資金力の強い一部のホテルが中心でした。

ただ当時のホテルの多くは一般的に企業というより家業が中心だったんです。社長と呼ばれるお父さんやお母さんが大金を費やしホテルを建て、家族で店番してお掃除してホテルを切り盛りして…というスタイルですよね。だから会計もどんぶり勘定になってしまったりとか、先々の備えをしてなかったりとか。それはそれで当時は事業として成立していたので、しょうがないことだと思いますね。だから、家業でされているホテルさんは最初は目をまるくしてましたよね。広告宣伝費という概念がなかったので…。でも実際載せると、反響があったんです。一番わかりやすいのがクーポン券なんですけど、あれを堂々と使うお客さんが若い方を中心に出てきて、ひとつの目安になったと思います。あとは客層でしょうね。今までと違うひと達が来るようになったなあと。年配のリピーターさんが多いホテルに若い人たちが来るようになったり、高い料金の部屋が稼働するようになったり。

ただ、広告を載せたから売り上げが上がるという営業はしませんでした。広告だけで売り上げや利益は上がらないんですよ。一番の僕らの特技というか仕事の基本は、広告を出していただいたお客様（ホテル）の情報を広く正確に伝えていくということなんです。そうすると、伝える情報元、つまり広告対象がしっかりしてないと…。ダメなお店を伝えたら逆効果ですよね。なので、「これから多くの人にお客様の情報が伝わるんです」ということで、一緒にがんばっていきましょうというスタンスなんです。よって僕らに求められることは、経営ではなく、様々な宣伝活動のコンサルタント的な役割です。当時は宣伝活動に慣れていない方々も多く、「お客様が来なければ値下げをすれば良い」などの声もよく耳にしました。不況である今であれば値下げを回避するにはどうしたら良いかという検討をするなど、当たり前のアクションが選択肢になかったりとか…。もともと他業種に比べて儲かる商売でもあったため、完全な投資目的の方もいて、サービス業なのにわざわざ費用をかけて宣伝しなくてもとか、わざわざきれいにしなくても儲かれば良いという強気な（？）受け身の姿勢の方々もいて…。この点は近年、マーケティングを行い、適正な値付けをし、快適性に加えデザイン性も重視したホテルが増え、様々なバリエーション豊かな業態になっています。この変化は愛着をもってホテル業を営む方々が増えたのかなと、個人的にはポジティブにとらえています。

今ではほぼ解決しているんですが、当時一番印象的だったのは、ホテルの詳細が不透明だったことです。外に「休憩いくら〜、宿泊いくら〜」と看板に出ていても、それ以上の情報がないからお客さんは不安なんですよね。例えば、いざホテルに入って、外の看板には料金が「宿泊一万円〜」と書かれていても、その一万円という料金はどんな部屋でどんなサービスや設備があるのかも分からない。すると、多くのお客さんのイメージとのギャップが発生し、結果として批判や悪い噂がたちはじめる。そうなると、世間の目からすれば見えない部分が多かった業態ということもあり、近年の快適で喜ばれるハードとソフトを提供しようというホテル側の頑張りに反して、イメージがどんどん悪くなりますよね。そこで、日々の営業活動を通じて多くの経営者やスタッフの方々の本当の思いを知った僕たちは、お客様（ホテル）がせっかく立派な仕事をしているんだから正確な情報を堂々と公開しましょうと。そうしないと世間のイメージは上がらないですよと提案していったんです。

これらの点をホテル経営者の方々やスタッフの方々にご理解いただけたからこそ、検索サイト「＠カップルズ」やＭＯＯＫ本「夜デートスペシャルなび」」、各種制作物をはじめとした僕たちの提供する広告サービスが受け入れられているのかなと思っております。

情報誌と広告が変えたこと

『ぴあ』を追随するように、他の情報誌でもラブホテル特集が組まれるようになる。一九九七年には『TOKYO1週間』、翌々年に『KANSAI1週間』が創刊された。姉妹雑誌として発売された両誌は、最初からラブホテルを勢力的に特集し始める。

『TOKYO1週間』『KANSA1週間』の編集長であった奈良原敦子氏に、両誌でラブホテル特集を大々的に行った理由を聞いた（『TOKYO1週間』『KANSA1週間』の元編集長、二〇〇六年九月七日インタビュー）。

「『TOKYO1週間』『KANSAI1週間』共に、〝カップル情報誌〟というコンセプトを立てたんです。男の子と女の子が一緒に読める雑誌のテイストにしようと。そこから、カップルでどこにデートに行くかということを考えていったわけです。ディズニーランドにも行くけれども、その帰りにはラブホテルに寄ったりするよねって。だから本当に自然に…ものすごく特化したコンテンツを取り上げるという意識はなかったですね。カップル情報誌だから、自然な流れで特集を組みましたね。「ラブホ特集」は自宅率が高い関西の方が受けると思ってたんですよ。東京の場合は、一人暮らしで下宿してるから「相手の家行っちゃえばいいやっ！」ていうがあるかなと思ったんですけど、東京でもすごく受けましたね。やっぱり新しい所ができたりとか、情報が圧倒的に不足してたということはあったと思います。」

ラブホテルを特集する雑誌が増えて、特集の組まれ方も枝分かれしていく。『TOKYO1週間（KANSAI1週間）』は、カップル誌のワンコンテンツとしてラブホテルを特集し、反響を呼んだ。情報誌の特集や広告は、ラブホテルのソフト面のサービス向上させた。今までのラブホテルは建物だけが売りで、見た目や設備にお金をかけ、居心地の良さを追求するようなサービスはほとんどなかった。現地まで偵察に行かなくても他社の情報を容易に見れるようになると、ホテル同士の競争が各地で過熱化する。

リピーターの囲い込みはもちろん、新規の顧客も獲得しようという動きも出てきた。すると、月々の企画やアメニティなど、細かい工夫を凝らすホテルが増えてきた。例えばここ二〇年でリネンの質も飛躍的に向上したという（リネン業者K氏、二〇一〇年一二月二〇日インタビュー）。

「ホテルさんがようやくリネンに目をむけてくれるようになりましたね。昔は拭ければいい、引いてあればいいという感じだったんです。バスタオルは二人で一枚しかなかった時代もあったんですよ。長時間制になったサービスタイムの影響もあると思いますが、今は二人で四枚の時代となりつつあります。」

『TOKYO1週間』『KANSAI1週間』が、ラブホテル界のイメージを大きく変えたという声もある。当時関西で最大手だったラブホテルの広報担当に話を聞いた（G氏、大手ラブホテル広報担当、二〇〇七年六月一九日インタビュー）。

「ラブホテルが爆発的に変わったのは『ＫＡＮＳＡＩ１週間』の存在だと思います。この雑誌が創刊されて、お客さんの様相が変わりました。またホテル側もマスコミに取り上げてもらうような、新ネタ提供をしていかないといけなくなりましたからね。彼らもニュースソースがいるから、同じネタばかり取り上げられないし。リニューアルはもちろんのこと、企画とか面白い部屋とかね。いい企画があったらこっちから売り込み行ったりして、どうやったら取り上げてもらえるか日々考えましたね。」

ラブホという名称

情報誌がラブホテルを特集するようになって、新しく登場した名称が「ラブホ」である。大宅文庫の目録によると、二〇〇一年頃にはほとんどの雑誌がラブホという言葉を使うようになっている。「ラブホ」はどういう経緯で雑誌に使われるようになったのだろうか。各関係者は語る。

奈良原氏　「ラブホテル」は一回死語になった言葉じゃないですかね。「ブティックホテル」とか「ファッションホテル」と言い出して、堂々と「ラブホテル」ということが一回なくなりましたよね。それを雑誌で「ラブホ」としてどーんと発信したのは、うちかもしれないですね。

『TOKYO1週間』と『KANSAI1週間』の掛け持ちで、大阪にいることも多くて、大阪の若い子はもうみんな「ラブホラブホ」って言ってましたからね。あそこいいよねなんてラブホテルのチェーン店の名前が結構日常会話に出てくるくらいで、わりとカジュアルな感じで話題に出てきたので、採用しました（奈良原敦子、『TOKYO1週間』『KANSAI1週間』の元編集長、二〇〇六年九月七日インタビュー）。

フリーライターE氏　私は「ラブホ」っていう言葉が一番わかりやすいと思います、短いし。略すときにも「ファショホ」とか聞いたことないしね。編集する時も「ホテル」とか「♡ホテル」とか書いてきたら、全部「ラブホ」に直しますね（フリーライターE氏、当時様々な雑誌の「ラブホテル特集」ライティング、二〇〇五年八月五日インタビュー）。

フリー編集者F氏　〝夜景ラブホVS夕陽ラブホ〟なんかの特集の場合、わざわざラブホテルと表記したら長いでしょ。その辺のタイトルは、会議して世間の流れとかを話し合うんじゃなくて、編集者の感覚で決めていってますね。それほど言葉の会議ってないんですよ。「今回はどうする？」というような切り口は会議しますけど。

僕等編集者っていうのは、ライターさんもそうですけど、流行とか、世間の流れみたいなものには常に敏感にアンテナ張ってないといけない仕事なんで。確かに新しく言葉を作って、仕掛けるという時もありますが、「ラブホ」に関しては、世間の認識も特集を組んだ時点で一致してましたね。そこにインパクトを持たせるために、その時その時で何かくっつけたりはしましたけどね（フリー編集者F氏、当時『KANSAI1週間』「ラブホテル特集」担当、二〇〇五年八月五日インタビュー）。

雑誌が気を遣って「ファッションホテル」や「ブティックホテル」と特集しても、あまり浸透しなかった。世間では「ラブホテル」が一番ベターな呼称だったのだろう。そんな利用者の意識を反映させながら、雑誌がそれを略して「ラブホ」と特集することで、ラブホテルはどんどん身近な存在に変わっていった。

「ラブホ」は、わかりやすく、呼びやすく、なんといっても短い。

ラブホテルはクリスマスやバレンタインなどのカップルのイベント時によく特集される。「クリスマスに行きたいラブホテル」「イルミネーションが綺麗なラブホテル」では、表紙に持ってくるタイトルとしては長すぎる。「クリスマスラブホ特集！」といった、短いタイトルにできるのも「ラブホ」という略称の魅力だった。

ラブホ＝デート

情報誌のラブホテル特集は、今はとりたてて話題にならなくなった。話題にならなくなるまで、情報誌はラブホテルを取り上げ続けたのである。

各情報誌が競うようにラブホテルを特集するようになると、数としての印象が残る。またそこに、『TOKYO1週間（KANSAI1週間）』のようなラブホテル特集をカジュアルに扱う雑誌が出てきたことで、利用者の意識も変化した。ラブホテルに羞恥心や後ろめたさを感じていた層、まだ行ったことのなかった層が、ラブホテルに抱くイメージが少し向上してきたのではないだろうか。

最近は紙媒体の売り上げが下がり、廃刊を余儀なくされる情報誌も出てきた。しかし、インターネットの情報検索や、クーポン誌などのフリーペーパーが出回り、ラブホテルの情報はもっと容易に手に入るようになった。

ホテル側も、そういったインターネット検索で訪れる客を考慮し、ホームページの作成や広告に力を入れている。ラブホテル関連のサイトの運営に関与しているH氏によると、検索サイトは多数存在するが、一部のサイトのアクセスは毎月数千万ほどあるという（H氏、ホームページ運営会社勤務、二〇一〇年一二月二一日インタビュー）。

「最近のお客さんはみんな携帯やパソコン、スマホで見てるようです。調べる手立てが増えましたよね。ここ二、三年ホテルの売上が下がった理由は、金融機関からの資金調達が困難でリニューアルなどの投資が出来なかったという理由もありますが、結局お客さんの利用頻度が減ったと言われています。月に五回使ってたひとが三回しか使わなくなったとか、若い人がなかなかホテルにお金を落とさなくなったとか。でもゼロにはならないわけですよ、ホテルってみんな使うので…。それで回数が減ったり、使うお金が限られていた時に、やっぱり前もってよく調べたいんですよね。広告を載せるホテルさんも、検索サイトを利用する人も、年々増えてますね。」

情報誌の影響で、ラブホテルは一般の利用者にとって身近な存在になった。また、ラブホテルも人目に触れるようになり、企業努力するようになった。

「ラブホテル」を「ラブホ」と表現するようになった情報誌によって、ラブホテル＝セックスという考えから、ラブ＝デートという意識が加わった。そして、「セックスをする空間」は「セックスもできる空間」に変化を遂げたのである。

2　ラブホの現在

一九九四年、若者向けの情報誌『ぴあ』に、デートの延長線上のカップル空間として、ラブホテルが大きく取り上げられ、話題を呼んだ。そこから、今まで男性を対象とした週刊誌などでしか取り上げられなかったラブホテルが、一般若者向けの情報誌に取り上げられるようになる。一時期のラブホテルは、『関東（関西）ウォーカー』『TOKYO（KANSAI）1週間』『ぴあ』といった情報誌で、一年に五、六回は特集が組まれ、カップルにとって一種のアミューズメント的施設になった。

情報誌の特集やインターネットの普及により、ラブホテルの情報を利用者が細かいところまで入手で

図4-1　食事メニューが充実しているホテル

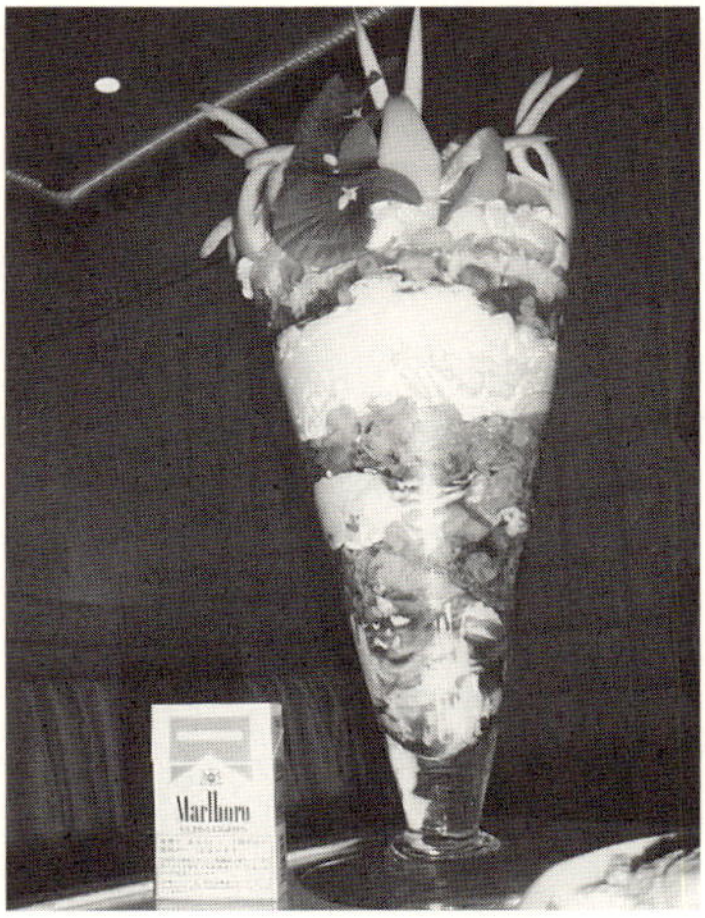

図4-2　人気メニューの巨大パフェ

図4－3　600種類のコスプレがあるホテル
情報誌で人気のラブホテル（著者撮影）。

きるようになり、ラブホテルのサービス合戦はますます過熱した（図4－1～3）。

そうしたなか、ラブホテルに新たなライバルが登場する。

進むボーダレス化

バブル崩壊後からだんだんと、宿泊産業のサービスが変化を見せ始める。ホテル経営者の矢部嘉宏氏はシティホテルや温泉旅館がカップル利用を狙ったサービスを展開し始めたことを指摘する（プラザアンジェログループ代表取締役、二〇〇五年七月一一日インタビュー）。

「他の宿泊産業が、僕らの売り方の真似をしてきたんですよね。シティホテルやビジネスホテルがデイユースとかいって、ラブホテルのサービスタイム制度取り入れた。看板に休憩～円とまでは書いてなくても、今シティホテルに行って「休憩したい」と言っても、「うちは宿泊しか受け付けてません」なんていうホテル少ないと思うんですよ。

シティホテルは元々宴会なんかの利益があったんですよ。会社の何十周年のパーティやら、結婚披露宴も昔はそういうとこで派手にやってましたしね。宴会に関わる飲食の費用や宴会のバンケットを貸す費用で生業が立てれてたものが、そういうものがだんだんとなくなってきた。
みんな僕たちの真似というわけじゃないんだろうけど、シティホテルのデイユースとか、温泉旅館なんかでも個室露天風呂がついてたりとか、お昼寝もできますよね。だから、個室というのが、ラブホテルだけの特権じゃなくなった、それと同時にオープンになってきた。」

二〇〇〇年に入ってからは、ほとんどのシティホテルがデイユース（デイタイムサービスと表記される場合もある）を取り入れるようになる。デイユースとは、日中に時間貸しでホテルの部屋を利用できるというサービスで、ラブホテルのサービスタイムや休憩制度のシステムとほぼ変わらないシステムである。

また二〇〇五年頃からは客室に風呂を設ける温泉旅館が増加し、時間を区切った貸切温泉サービスも当たり前になった。

衰退の理由

旅館やシティホテルが提供するサービスを増やした理由は、不況の影響が強い。低迷する宿泊産業が、幅広い層を集客するための苦肉の策であった。そんな中、不況に強いと言われてきたラブホテルも少しずつ衰退していく。

衰退の原因は、少子化と住宅事情の変化（寝室と子供部屋の登場）、性意識の変化、マンガ喫茶などの個室空間の充実、レジャーの多様化など様々である。各関係者に実態を聞いた。

ホテル経営者K氏　バブルが崩壊しても二〇〇三年まで影響はなかったです。ぐっと悪くなったのは二〇〇五年からです。景気が良かったのは団塊の世代が一番遊んだ時代ですよ。その世代が五十過ぎて遊ばなくなった。団塊の世代が元気がなくなったのがひとつでしょう。それと少子化。僕らの時代は「神田川」の時代なんですよ。彼女と同棲してても、ベニヤ板一枚で隣の部屋の音が筒抜けになっちゃうような、そういうところに学生時代や独身時代は住んでたんです。だから、みんなラブホテルへ行ってことを済ますということだったんですよね。住宅環境の変化は大きいと思います（二〇一〇年一二月二二日インタビュー）。

大手ホテル常務I氏　まずひとつはコストが上がってしまったということがあります。昔はホントに土地が安いところで、高い単価が取れていたんですよね。今はマーケットが成立してきたので、そういう形の組み立てがしづらくなってきた。昔は、畑とか田んぼとかあったところに一〇室くらいのホテルを作ったら、そこがものすごく儲かったりしたんですよ。当時は装置産業、とにかく作っていくだけの産業だったんですよね。ただ、今は設備とか土地の取得とかいろんなものが向上したので、開発コストがかかる。それが単価に派生できていないんですよね。作るお金が三倍必要になったから、宿泊の費用も三倍くださいっていうのも、なかなか受け入れてもらえないので、そのバランスが悪くなってきたのもひとつですね。

また遊びが多様化してきたこともあって、そこに一極集中しなくなってきたというのがありますね。そういう背景がある中で魅力をつくっていかなければならない難しさですね。カップルが二人きりになれる空間というのが、レジャーホテルくらいしかなかったという時代もあるんですよね。今みたいにワンルームで一人暮らししてる若者もそう多くはなかったし、二人っきりで誰にも干渉されずにいれる空間というものが非常に少なかった時代と比べると、カラオケルームであったり、漫画喫茶、レストランの個室などがいっぱい出てきましたしね。また遊びなんかでも、昔はアウトドアが好きな一部の人が楽しんでたんですけども、一般の人達が、飯盒とかテントとかいったアイテムを持たなくっても、気軽にエントリーして向こうで全て調達して遊んで帰ってこれるみたいなものとか、車が大型化して車の中で二人きりになれるとかね（二〇〇五年九月三〇日インタビュー）。

恩田栄二氏　一〇年くらい前から、ゆるやかに（ホテルの）売り上げは落ちてると思います。顕著に物語ってるのが、稼働率ですね。新築で建てても稼動が悪いですね。昔は、新しくオープンしたら一日四回転も五回転もするようなホテルがあったんですけど、今はそういう時代じゃないですね。大通りに面してるとか立地条件もありますけど、奥まったところに新しく建ったとこなんかだと、三〇室あるホテルが一日五〇組くらいしか利用しないとかありますよね。一〇年ぐらい前から衰退傾向にありましたが、ここ五年くらいで顕著に表れるようになりました。我々業者から見ても、新築でオープンしたのに、全然入ってないなあ…みたいな。

レオパレスみたいな賃貸マンションが流行ってるのがあると思いますよ。一カ月五万円くらいで家具や風呂が整ってますからね。布団だけ持ち込めばいいわけですから。一カ月にホテルに五回宿泊するんだったらペイできますからね。しかも時間気にせずに二人でいられるわけじゃないですか。結構そっちのほうの選択肢としては固いですよね。結構そうやって利用してるカップルがいますよ（恩田栄二、株式会社ヒロコーポレーションホテル営業担当、二〇〇七年七月一一日インタビュー）。

不況が続く中、ラブホテルは次々と売りに出されるようになった。投資家が破綻寸前のラブホテルを安く買い取り、運営会社に運営を任せて経営するという新規参入が多くなり、ホテルの売り買いが増えた。新規参入の問題点を経営者の西村貴好氏は語る（ベアト・アンジェロ代表取締役、二〇〇五年七月一九日インタビュー）。

「異業種からみるとラブホテルって儲かるように思われているみたいです。銀行からも証券化のターゲットとして、今結構着目されてるんで、お金のある人が集まってきて、将来の展望なしにぽこぽこ建ててしまう…それは、一瞬お客さんにも選択肢が増えていいんですけど、五年目以降はやっぱりメンテナンスとか、そういうホテルの寿命設備産業＋αの部分がない、企業文化のない店舗が将来心配ではありますね。」

所有と運営が分かれているホテルは、いくつものホテルを一人の支配人が受け持つという形態が多いため、従業員の指導が難しく、風通しの悪いホテルも多いという。二四時間年中無休のホテルは、従業員の管理が大きなポイントになってくる。また、イベント内容や時期によって稼働率が変わることも多く、リネン会社や設備会社、食品業者などとその都度きめ細かいやり取りが必要になる。掛け持ち支配人は、そういった部分での対応が遅く、業者サイドからの苦情も絶えない。そうして運営が厳しくなってくると、料金を落として回転数で勝負するラブホテルが増えてきた。

ひとくくりにはできなくなった

これまで述べてきたように、情報誌の影響で、ラブホテルに明るいイメージが加わった。それにより、ラブホテルは「セックスをするための場所」から「セックスもできる場所」に変化した。

しかし、カップルが二人きりになれる場所が多様化し、ラブホテルのサービス合戦が過熱した結果、ラブホテルはもうひとくくりにはできない状態になっている。

先ほど挙げた、部屋の回転数で勝負するホテルは、事実上「セックス目的の空間としてホテル」として存在している。ホテルコンサルタントのS氏によると、最初から風俗利用を狙ったホテルも増えてきているという（二〇〇七年六月一日インタビュー）。

「風俗客をきちんと意識してやってるホテルは儲かってますね。それは重要なファクターですね。

新規でホテルを開発する時も、ここに風俗客がどれくらいいるのかを事前調査を全部します。デリヘルと契約してなくても、デリヘルが使いやすい時間設定にするとか、暗にそういう風にしてるホテルもたくさんありますね。」

第三章で取り上げた「居心地の良さを追求したホテル」は値段とのバランスも取れてきて、コストパフォーマンスもよく、リピーターを中心として人気を呼んでいる。実際、設備もサービスも清潔度もある程度保障されているブランド力のあるホテルが増えてきた（図4-4〜6）。

また、「ラブホテルとは呼べない元ラブホテル」も出てきた。予約や外出が可能になり、ビジネスプランやレディースプランが設けられ、それに即したサービスが用意されている（たとえばレディースプランだと少し割安になり、コスメなどのグッズがもらえるサービスなどがある、図4-7）。そこには、女性同士や一人で来て「よかった」と思ってもらえたら、次にカップルでのリピートにつながっていくというホテル側の狙いもあるようだ。

現在は、ラブホテルの形態を残しつつも、客層からサービスまで幅広い層にアピールしているホテルが増えてきた。

ホテル関係者に取材を重ねているうちに、ラブホテルではなく、レジャーホテルを作りたいという経営者の話を聞いた（内平徳勇、株式会社グラーティアプロ代表取締役、二〇〇六年四月一三日インタビュー）。

図4－4　居心地の良さを追求したホテル
寝心地を追求したヘヴンリーベッドや，
マッサージチェアが売りの部屋。

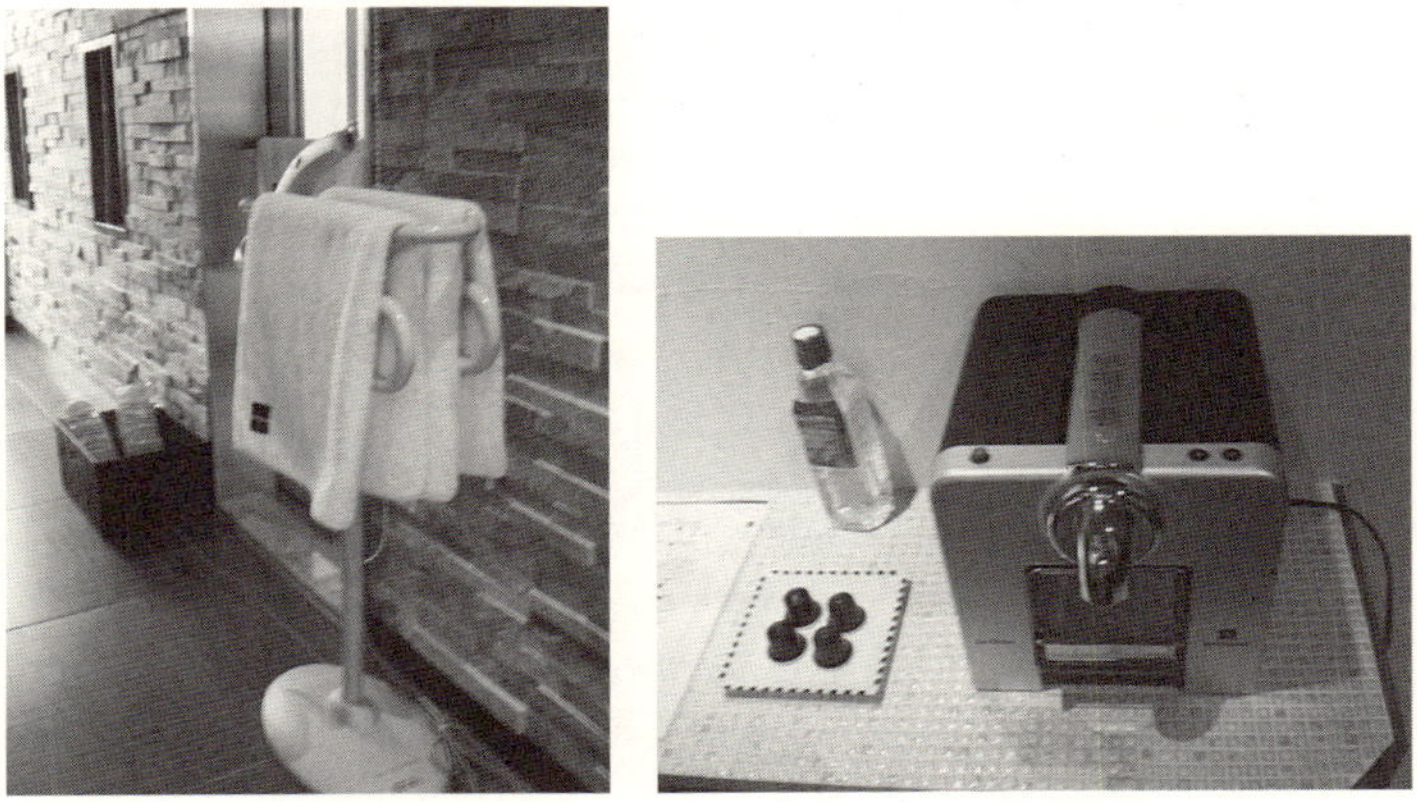

図4－5　居心地の良さを追求したホテル
備品もタオルヒーターや，コーヒーメーカーなど居心地の良さを演出している（著者撮影）。

図 4 - 6　ファミリーでも宿泊できるバリ風ホテル
（著者撮影）

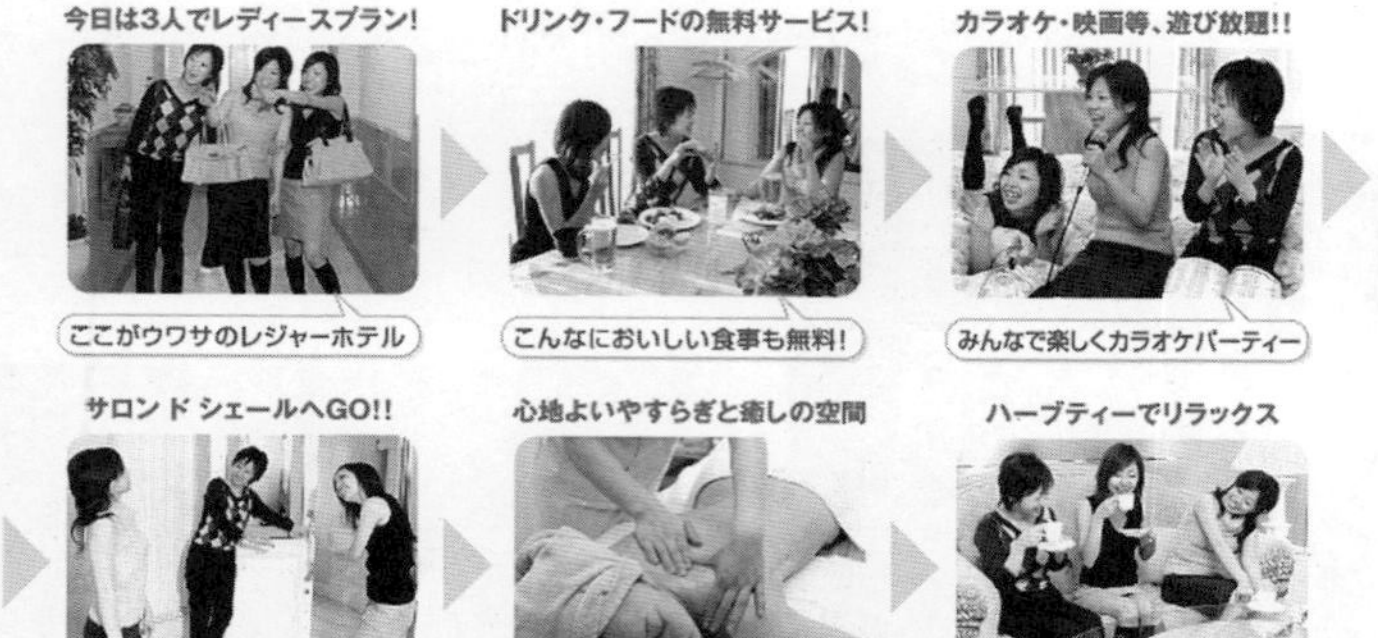

図 4 - 7　ホテルの新たなサービス
関西で人気を誇るファイングループでは，ホテル内にエステサロンを設けて，レディースプランに力を入れている（http://www.hotel-fine.co.jp/ より）。

「ラブホテルはやっぱり所詮ラブホテルですよ。僕はレジャーホテルを作りたいですね。今やってるホテルはレジャーホテルなんですよ。家族も泊まれて、カップルも泊まれて。みんな遊びにくるという感覚でね。ラブホテルは予約もできないし、できても平日だけで土日は忙しいんでしませんとか、そういうところ多いんですよ。

うちは、予約も取るし、休憩も取るからね。オープンフロントで、ちゃんと「いらっしゃいませ」って対面式で挨拶して、それで帰るお客さんはもういいと。それで、堂々と来るお客さんに利用してもらおうって。

昔は長屋の家が多かったけど、今は一軒家だと大体が二階建てで、自分の部屋があるしね。道徳心も変わってきてますよね。彼女を家に連れて行くとかあり得なかったですよね。だけど、今の若い子らは堂々と連れて来て二階でエッチしたとか、考えられないことが起こってるからね。僕らの若い頃は、家に彼女を連れて行くと、結婚せなあかんのかなと思いますよね。だから、若い人はホテル使わなくなってるかもしれませんね。今までみたいに、カップルだけ対象にしてたら潰れるんですよ。うちは、ファミリーもビジネスも全部入れてますからね。」

ラブホテル界を代表するデザイナーが二〇一〇年にタッグを組んで作った新しいホテル「W」は一六種類のプランが用意された、あらゆるニーズに応えるホテルである（図4-8）。

ラブホテルそのものの使われ方、認識が年代によって大きく変わってきているのが現在であり、今は

図4－8 「ホテルW」のパンフレット
ファミリープラン、メンズプラン，シルバープラン、ペットプランなど様々なプランを提案している。

ラブホテルといっても、とてもひとくくりにはできない。サービス合戦が過熱していくにつれて、充実しすぎた一部のラブホテルは、リゾートホテルやシティホテル顔負けの施設になり、その一方で、風俗利用が中心となっているラブホテルも存在する。サービス過多なラブホテルとは反対に、そういうホテルはサービスしないことがサービスである。余計なサービスを省いて部屋の単価を落とし、回転率を重視するというセックスをするためだけの空間。まさに、昔の連れ込み宿のような施設に逆戻りしているというわけである。

性愛空間と「ラブ」のつながり

江戸の茶屋から始まったラブホテルは、その時代その時代の人々のニーズとホテル側の意向が合致した時、大きな変化を遂げた。

戦後の高度成長期に林立した料理旅館や簡易旅館は、二人きりになれる空間を求めるカップルの休憩利用と、労働が軽減され、部屋が回転することで利益も倍になるという宿側のうまみが合致した時に「連れ込み専用」へと変化した。

アメリカにルーツを持つドライバーの休息用として作られたモーテルが日本でカップル専用のモーテルになったきっかけは、利用者からの圧倒的なニーズだった。経営者にとっても、土地の安い郊外に建てても客が来るモーテルは好都合で、警察の取り締まりにも屈することなく、郊外型ラブホテルとしての地位を確立した。

広告手段がなかったラブホテルは奇抜な外観やデラックスな設備でメディアを引っ張った。それがシンプル化された流れは、セックスをする場所に関して女性が意見するようになったカップルの関係性の変化と、風営法の改正、シンプルにした方が建築費が安く済むというホテル側の思惑が合致した時に拍車がかかった。

情報誌がラブホテルを特集するようになり、時間設定や設備、サービスなどラブホテルの情報が細かく開示されるようになると、部屋のリニューアルや、大型設備の導入などでは予算がかかりすぎるので、ホテル側はソフト面でのサービスに力を入れ始めた。すると、利用者もそれに合わせてラブホテルを様々な目的で利用するようになった。

こうした変化のなかで、性愛空間に様々な呼称が生まれた。

本書ではそれらをまとめて表現する時、「ラブホテル」と表記した。風営法上で登録されているラブホテルだけではなく、一般的にラブホテルと認知されている施設も含めて、最も浸透している呼称だからである。

業界関係者や経営者は、自分たちが関わっているホテルを「ラブホテル」と表現または表記されることをひどく嫌っている。飛躍的にサービスの向上を遂げ、登録上もラブホテルではないホテルも多いなか、「ラブホテル」という表現は適切ではないという意見も多く、業界では「レジャーホテル」という呼称が主流である。

しかし、法律上の登録やサービス内容は関係なく、利用者の間でラブホテルはやはり「ラブホテル」である。フロントに人がいてもいなくても、ベッドが回っていなくても、ラブホテルをルーツにした様々な空間を利用者は、「ラブホテル」または「ラブホ」と呼ぶ。

「ラブホテル」という呼称は「ラブホ」と略される程浸透した結果、定着した。その過程でラブホテルは「セックスをするための空間」から「セックスもできる空間」に変化した。

しかし、シティホテルや旅館の休憩制度に対して「ラブホ使いができる」と言う時に使われる「ラブホ」は、「セックスをする場所」を指す。そういう意味では、やはりラブホテルとセックスは切っても切り離せない関係である。

供給する側と受容する側、取り締まる側に常にズレが生じ、多くの呼称が生まれては消えていった。「ラブホテル」という呼称は、その場所を表すのに、はじめて定着した言葉ではないだろうか。

性愛空間だからこそ「ラブ」が必要で、性愛空間だからこそ「ラブ」だけは消えなかったのかもしれない。

「ラブ」という言葉だけが残ったのである。

参考文献

文　献

石子順造『石子順造著作集』喇嘛社、昭和六二（一九八七）年。

井上章一『愛の空間』角川書店、平成一一（一九九九）年。

加藤友康『変貌する欲望空間 Love hotel revolution』鹿砦社、平成七（一九九五）年。

金益見『ラブホテル進化論』文藝春秋、平成二〇（二〇〇八）年。

串間努『チビッコ三面記事――子どもの事件簿』筑摩書房、平成一六（二〇〇四）年。

久保田和夫『ファッションホテル夢空間――名商・巨匠の物語』双葉社、平成一一（一九九九）年。

小山立雄『ラブホテル一代記』イースト・プレス、平成二二（二〇一〇）年。

近藤利三郎『なつかしの関西ラブホテル六〇年――裏のうらのウラ話』レベル、平成一八（二〇〇六）年。

坂口安吾『青鬼の褌を洗ふ女』山根書店、昭和二二（一九四七）年。

作古貞義『改版ホテル事業論――事業計画から開業まで』柴田書店、平成六（一九九四）年。

佐野眞一『東電OL殺人事件』新潮社、平成一五（二〇〇三）年。

獅子文六『自由学校』新潮社、昭和二八（一九五三）年。

下川耿史『極楽商売――聞き書き戦後性相史』筑摩書房、平成一〇（一九九八）年。

鈴木由加里『ラブホテルの力』廣済堂出版、平成一四（二〇〇二）年。

高見順『故旧忘れ得べき』昭和一〇（一九三五）年。

滝大作・赤塚不二夫・タモリ・高平哲郎『SONO・SONO』山手書房、昭和五六（一九八一）年。

田中康夫『豚になったクリスタル』ベストセラーズ、昭和五八（一九八三）年。

田辺聖子『イブのおくれ毛I』文藝春秋、昭和五三（一九七八）年。

冨田昭次『ノスタルジック・ホテル物語』平凡社、平成一二（二〇〇〇）年。

冨田昭次『東京のホテル』光文社、平成一六（二〇〇四）年。

永井荷風『ひかげの花・踊子』新潮社、昭和二六（一九五一）年。

花田一彦『ラブホテルの文化誌』現代書館、平成八（一九九六）年。

保田一章『ラブホテル学入門』晩聲社、昭和五八（一九八三）年。

山内和美『ラブホテル経営戦略』週刊住宅新聞社、平成二一（二〇〇九）年。

S・ナーゲル、S・リンケ『〔世界現代建築シリーズ〕05：ホテル・レストラン』丸山純訳、集文社、昭和五三（一九七八）年。

『アメリカ旅行案内』パン・アメリカン航空会社、講談社、昭和四〇（一九六五）年。

資　料

『大宅壮一文庫雑誌記事索引総目録』紀伊國屋書店、一九八五〜九七年。

警察庁編『風営適正化法関係法令集』東京法令出版株式会社、平成七（一九九五）年。

警察庁編『昭和四八年警察白書――警察活動の現況』昭和四八（一九七三）年。

警察庁編『昭和四九年警察白書――警察活動の現況』昭和四九（一九七四）年。

警察庁編『昭和五八年警察白書――警察活動の現況』昭和五九（一九八四）年。

『近代日本年表』朝日新聞社、『朝日年鑑』一九八七年別冊、昭和六二（一九八七）年。

『動く年表』自由国民社、『現代用語の基礎知識』一九八九年別冊、平成元（一九八九）年。

『建築業界三十年史』建築業協会、平成二（一九九〇）年。

『帝国ホテル一〇〇年の歩み』帝国ホテル、平成二（一九九〇）年。

『時・人・大林一八九二〜一九九一』大林組、平成三（一九九一）年。

『建築二〇世紀ＰＡＲＴ１＋２』新建築社、『新建築』一九九一年六月臨時増刊、平成三（一九九一）年。

『近代日本総合年表・第三版』岩波書店、平成三（一九九一）年。

『二一世紀のホテル産業像』ＴＯＴＯ出版、平成四（一九九二）年。

『渋谷ホテル旅館組合創立五〇周年記念誌』渋谷ホテル旅館組合、平成一五（二〇〇三）年。

『渋谷ホテル旅館組合史』渋谷ホテル旅館組合、平成一三（二〇〇一）年。

『快適空間を求め続けて——東京マツシマの五〇年』平成一八（二〇〇六）年。

辞書

『岩波国語辞典』岩波書店、全版。

『言泉』大倉書店、全版。

『現代用語の基礎知識一九六〇年拡大版』自由国民社、全版。

『広辞林』三省堂、全版。

『広辞苑』岩波書店、全版。

『新明解国語辞典』三省堂、全版。

『日本国語大辞典』小学館、全版。

雑誌

『ぴあ関西版』ぴあ、一九九四〜九九年。

『デートぴあ（関西版）』ぴあ、二〇〇五年、二〇〇六年。

『TOKYO1週間』講談社、一九九七〜二〇〇六年。

『KANSAI1週間』講談社、一九九九〜二〇〇六年。

『関西ウォーカー』角川書店、二〇〇一〜〇六年。

『女性セブン』小学館、昭和五〇（一九七五）年一月一五日号、一七六頁。

『週刊朝日』朝日新聞社、昭和二八（一九五三）年二月二二日号、四七頁。

『週刊現代』講談社、昭和五〇（一九七五）年一〇月九日号、一五二頁。

『週刊女性』主婦と生活社、昭和四八（一九七三）年四月一四日、一八八頁。

『週刊大衆』双葉社、一九五八〜二〇一一年。

『週刊文春』文藝春秋、昭和四五（一九七〇）年一一月二日号、一四六頁。

『週刊文春』文藝春秋、昭和四四（一九六九）年三月一〇日号、三二頁。

『週刊ポスト』小学館、昭和四八（一九七三）年一〇月五日号、一四〇頁。

『DIME』小学館、平成一三（二〇〇一）年四月五日号、八〜九頁。

『ダ・カーポ』マガジンハウス、平成一四（二〇〇二）年四月三日、一一七頁。

『中央公論』中央公論社、昭和一一（一九三六）年八月号、三五七頁。

『婦人公論』中央公論新社、平成二（一九九〇）年三月号。

『ミュージックマガジン』ミュージックマガジン、昭和五四（一九七九）年五月二五日号。

『モテル王の素顔』綜合ユニコム、昭和四七（一九七二）年五月一日。

参考文献

『ヤングレディ』講談社、昭和四八（一九七三）年一月二九日、一六六頁。

『季刊レジャーホテル　一九九七―二七号』綜合ユニコム、平成六（一九九四）年一一月三〇日号、九〇～九三頁。

あとがき

利用者のイメージが変化した現在、ラブホテル業界も変わってきた。二代目三代目の志の高い若手経営者が増え、ここ一〇年でサービスも著しく向上した。別の名刺を持ち、ラブホテルを経営していることを隠している経営者もほとんどいなくなった。堂々とできる商売になったのである。

ラブホテルというと、一時話題になった偽装ラブホテルの問題で顔をしかめるひともいるが、私は経営者の倫理観が変わってきている今、ラブホテルは偽装してではなく、新しい形で進化していくのではないかと思っている。

本書は、神戸学院大学大学院人間文化学研究科に提出した博士論文「消費される女性・消費する女性に関する風俗史的研究」のなかの、貸間産業に関する部分を抽出し、加筆修正したものである。

貸間産業の研究として、二〇〇八年に『ラブホテル進化論』（文藝春秋）という新書を出版した。同じテーマでもう一度本を出版することを悩んだ末、思い出したのは井上章一先生（国際日本文化研究センター教授）にいただいた言葉だった。井上先生は私の博士論文の口頭試問でこう仰られた。

「君の論文のなかで、温泉マークが最初に使われた年代を発見したところは面白いと思いました。これは地方紙を一枚ずつめくったからわかったことですよね。君はこれからこういう研究をしていきなさい。かしこぶる必要はありません」

今回また同じテーマで本を出版するにあたって、『北国新聞』から『沖縄新聞』までとにかく地方新聞をめくった。ごくたまに登場するラブホテルの広告に小躍りした。

大阪市立図書館には『大阪日日新聞』が原版で残っていた。昔の匂いがする新聞を一枚一枚めくっている時、〝研究は宝探しに似ている〟と思った。

『大阪日日新聞』には、ごくたまにではなく、一時期大量にラブホテルの広告が掲載されていた。〝宝探し〟だと思った研究は、〝料理〟に変わった。集めた素材をどう料理するのか、「あれも入れたい」「これも入れたい」。私はまた頭を悩ませた。

そんな時、大学時代からお世話になっている水本浩典先生（神戸学院大学人文学部教授）の卒研合宿に参加した。卒業研究で頭を悩ませている学生に先生は様々なアドバイスをされた。

やってもやっても何も見つけられない学生に一言。――「見つけられないものがいっぱいあるんです。見つかっても一個か二個くらいです」

見つけすぎて、どう整理していいかわからない学生に一言。――「切り捨てるものを沢山持っている者が強い」

膨大な資料を目の前にひたすら整理するしかない学生に一言。――「ひたすら量をこなすと、ある沸点があるんです。その時、量が質に転化します」

実際の資料を見る機会がある学生に一言。――「指紋をくっつける作業ができるなんてスゴイことなんですよ」

水本先生の一言一言が、悩んでいた私の心に染み込んだ。大学院を卒業する時に、「これからは同じ研究者としてがんばりましょう」という言葉をいただいたにも関わらず、私は今でもずっと恩師に教えていただくことばかりだ。

本書は、ミネルヴァ書房編集部の田引勝二さんに担当していただいた。プロレス文化研究会の会場で岡村正史先生の『力道山――人生は体当たり、ぶつかるだけだ』（ミネルヴァ書房、二〇〇八年）を手売りする田引さんを見て、「本を大切に扱う編集者さん」という印象を受けた。その時からいつか一緒に仕事ができたらと思っていたので、夢が叶って嬉しい。

双葉社の山沢英三郎さんの協力で『週刊大衆』を創刊から全て調べることができた。私がお礼に何かしたいと申し出た時、「金さんがいい本を書いてくれることがお礼ですよ」と仰った山沢さんの言葉は今後どんな本を出す時も覚えていようと思う。

今回率先力となって様々な面倒くさいことを手伝ってくれたのは、妹（みーちゃん）だった。彼女は私が行き詰るたび、（作業している手は止めずに）いつも笑わせてくれた。二人で作業しながら「今日のお昼なに食べる？」と相談する時が一番の至福の時間になった。みーちゃん、本当にありがとう。

最後に、ここまで読んでくださった読者の皆さん、ここまで育ててくださった先生、母、妹たちに感謝を込めて、お礼を言いたい。
「本当にありがとうございました」

二〇一二年四月

金　益見

ラブホテル年表

和暦	西暦	関係事項	一般事項
万治　四	一六六一	♨が群馬県磯部温泉の古地図に登場。	
享保年間	一七一六〜三六	船宿が隆盛。	
宝暦年間	一七五一〜六四	水茶屋が急増。	
明和年間	一七六四〜七二	出合茶屋が全盛。	
文久　三	一八六三	日本で最初のホテル「横浜クラブ」開業。	
慶応　三	一八六七	箱根に「奈良屋」開業。	
明治　元	一八六八	京都に「中村楼」開業。 築地に「築地ホテル館」開業。	明治維新。
二	一八六九		関所を廃止（国内旅行の自由化）。
五	一八七二	東京・汐留の船宿が待合に。 「築地ホテル館」焼失。 築地に「精養軒ホテル」開業。	新橋〜横浜、鉄道開通（日本最初の鉄道）。
六	一八七三	横浜に「グランドホテル」／日光に「金谷カッテージイン」開業。	
七	一八七四		避妊具、性病予防具としての本格的なコン

			ドームが出現。
九	一八七六		赤線ができる。
一一	一八七八	箱根に「富士屋ホテル」開業。	
一三	一八八〇	東京・池之端を中心に待合二〇〇〜三〇〇軒。	
一八	一八八五	♨が地図記号として採用。	
二〇	一八八七	「仙台ホテル」「神戸オリエンタルホテル」開業。	
二三	一八九〇	東京・麹町に「帝国ホテル」開業。	
二四	一八九一		上野〜青森全通。
二七	一八九四	「万平ホテル亀谷旅館」開業。 「日光レークサイドホテル」開業。	日清戦争。
二九	一八九六		第一回近代オリンピック・アテネ大会開催。
三〇	一八九七	横浜に「オリエンタルパレスホテル」開業。	
三一	一八九八		東京〜大阪間長距離電話開通。
三四	一九〇一	東京・浅草に無料宿泊所が開設される。	
三五	一九〇二	「大阪ホテル新館」開業。	
三七	一九〇四		日露戦争。
四〇	一九〇七		ガソリン自動車の第一号製作される。 上野〜青森、直通列車。旭川〜釧路、鉄道全通。

四二	一九〇九	「築地精養軒新館」「奈良ホテル」開業。	東京・山の手線、運転開始。 国産初のコンドーム「ハート美人」発売。
四三	一九一〇		日韓併合。
大正元	一九一二		東京にタクシー（六台）。／自動車登録台数五〇〇台超す。
二	一九一三	宮城に「松島パークホテル」開業。	
三	一九一四		第一次世界大戦。
四	一九一五	「東京ステーションホテル」開業。	自動車台数一二〇〇台突破。
一二	一九二三	東京・お茶の水に米国式洋風文化アパートメント完成。 「帝国ホテル・ライト館」「箱根ホテル」開業。	関東大震災。
一三	一九二四	「丸の内ホテル」開業。	大阪に円タク出現。
一四	一九二五	東京・渋谷に待合約一〇軒。	
昭和元	一九二六	初の公営鉄筋アパートが東京・向島に完成。 「宝塚ホテル」開業。	
二	一九二七	横浜に「ホテルニューグランド」開業。	日本初の地下鉄（上野~浅草）。 モガ・モボ出現。
三	一九二八	「京都ホテル」開業。	道頓堀のカフェではジャズが流行。 荻野式避妊法が『主婦之友』に掲載。 ダンスホール人気。ダンスホール取締令で十八歳未満入場禁止に。

四	一九二九	「京都ステーションホテル」開業。	世界恐慌。
五	一九三〇	「甲子園ホテル」開業。 ホテルの新増設に対し、長期低金利政府融資。	国際観光局創設。 大阪のカフェー「美人座」が銀座に進出。エログロナンセンスの風潮が広がる。エロ演芸取締規制を通達し、股下二寸未満のズロースや肉じゅばんの着用、腰を振る所作などを禁止する。
六	一九三一		満州事変。 羽田国際飛行場開設。
七	一九三二	円宿ホテルが全盛。	ダイヤル式公衆電話登場。
八	一九三二	「六甲オリエンタルホテル」「上高地帝国ホテル」開業。	バー、カフェなどの特殊飲食店取締規則公布。
九	一九三三	「蒲郡ホテル」「札幌グランドホテル」「琵琶湖ホテル」開業。	
一〇	一九三四	「新大阪ホテル」「雲仙観光ホテル」開業。	東京に喫茶店が一万五〇〇〇軒。
一一	一九三六	安部定、尾久の待合で情夫を殺害。 「名古屋観光ホテル」「川奈ホテル」「富士ビューホテル」「唐津シーサイドホテル」開業。	
一二	一九三七	「志賀高原温泉ホテル」「赤倉観光ホテル」「比叡山ホテル」「志賀高原ホテル」開業。	日中戦争。 明治座で冷房開始。

一三	一九三八	「新橋第一ホテル」「強羅ホテル」開業。	普通乗用車保有台数五万台突破。
一四	一九三九	待合は二二時閉店の通告。 「阿蘇観光ホテル」「松島ニューパークホテル」開業。	第二次世界大戦。 地下鉄、新橋～渋谷全通。
一五	一九四〇		ダンスホール閉鎖。 「ぜいたくは敵だ！」の立て看板。カタカナ名（芸名、煙草の商品名など）の禁止。
一六	一九四一	日本ホテル協会設立。	真珠湾奇襲、太平洋戦争。
一七	一九四二	外地ホテルの受託運営。	ミッドウェー海戦。
一九	一九四四	待合、バー、芸妓屋が閉鎖。	
二〇	一九四五	待合やバーの営業が許可（10／25）。 進駐軍のホテル接収。	広島・長崎に原爆投下。ポツダム宣言受諾。 第二次世界大戦終結。 内務省、占領軍向け性的慰安施設設置を指令（8／18）。 特殊慰安施設協会（ＲＡＡ）設立（8／26）。 小岩の『インターナショナルハウス』などのダンスホールや料亭の二階などで米兵相手に堂々と売春が行われた。 盛り場にバラック建ての闇市場出現。輪タク、パンパンガール登場。

二一	一九四六	東京・上野付近近くに連れ込み兼用旅館が建ち始める。 旅館の広告に温泉マーク、「商談」「休憩」という言葉が登場。	GHQにより公娼制度が廃止され（1／21）、街娼が増加する。 風俗取締対策通達（12／2）、特殊飲酒店「赤線」の指定。
二二	一九四七	温泉マークをつけた旅館『熱海』が大阪・難波に登場。 貿易庁直営ホテル開業。「ホテルテイト」「ホテルトウキョウ」「ホテルラクヨウ」。 全国ホテル整備計画。	飲食営業緊急措置令（外食券食堂・旅館・喫茶店などを除き、料飲店の営業禁止）が交付され、裏口営業の店が増加する。パンパンガール、六大都市で推定四万人。改正刑法が交付され、不敬罪、姦通罪が廃止される。
二三	一九四八	東京・千駄ヶ谷に連れ込み旅館登場。 旅館業法施行。	第一次中東戦争。
二四	一九四九	東京・新宿に連れ込み旅館登場。 東京・戸山原に鉄筋アパート完成。 「芝パークホテル」「雅叙園観光ホテル」開業。 国際ホテル整備法施行。	雑誌『夫婦生活』創刊、七万部即日完売。 日本国有鉄道（国鉄）発足。
二五	一九五〇	米兵が急増し、千駄ヶ谷ほか各地に連れ込み旅館増加。 東京の新橋から浜松町にかけ、米兵相手の連れ込み旅館、ハウスが二〇〇軒以上。 ♨（さかさくらげ）が連れ込み旅館の象徴に。 休憩料金は畳で決まる（三畳間で三〇〇～四	朝鮮戦争。特需景気。 千円札（聖徳太子の肖像）発行。 アルサロ人気。

		〇〇円)。 大阪で同伴ホテルが建ち始める。 政府登録ホテル指定開始。「帝国ホテル」「オリエンタルホテル」「芝パークホテル」。	
二六	一九五一	東京・鶯谷に『万上旅館』開業。 大阪・ミナミ『ホテル三笠』開業（ロマン風呂・ダンスホール・各室暖房装置完備）。	日米安全保障条約調印。銀座にトルコ出現。 パチンコ、全国に大流行。
二七	一九五二	全国に赤線六一八カ所、一万八〇〇〇軒。 同伴ホテルの看板に「ご商談・ご休憩に」という看板が出る。 接収ホテルの解除（帝国ホテルなど）。 「日活ホテル」開業（戦後初の新設ホテル）。 宝塚「温泉旅館水明館」にロマン風呂完成。	東京空港に初めてジェット旅客機着陸。 スクーター流行。 東京・青山に日本初のボウリング場。
二七〜三〇	一九五二〜五五	東京・千駄ヶ谷を中心に連れ込み旅館、急増。	
二八	一九五三	東京・浅草に『成駒屋』開業。 割烹旅館全盛。 流行語に「温泉マーク」が選ばれる。 大阪・難波に『斗海』開業。 大阪・キタに『月光』開業。 大阪・野田阪神『阪神ホテル』に各室電話完備。	日本テレビが民間初の本放送開始。／NHKテレビ本放送開始。／街頭テレビが人気。 東京に公衆電話登場。初のスーパーマーケット開店（青山・紀伊国屋）。 インスタント食品のはしり「森永スープ」発売。

		「品川プリンスホテル」開業。	
二九	一九五四	大阪の銀橋地区（現・都島区の桜宮）に木造ホテル建築始まる。 大阪・桜宮に木造ホテル『銀橋ホテル』（テレビ・こたつ・ネオン風呂・トイレ・電話・ラジオ完備）開業。 「ホテル国際観光」開業。 「宮崎観光ホテル」開業。 「帝国ホテル」初のエスカレーターを設置。	深夜喫茶急増。 日本航空、東京～サンフランシスコ・東京～那覇就航。 カーフェリー就航。
三〇	一九五五	第一次ラブホテルブーム。 連れ込み旅館、アベック旅館全盛へ。 大阪・上本町に『千と万』開業。 大阪・阿倍野に旅館『すずらん』開業。 大阪・野田阪神『阪神ホテル』に家族風呂新設。 東京・新宿に「大丸旅館」開業（五〇円旅館。客層は定員七五人。連日満室。後にアイネグループ会長になる小山立雄氏が経営）。 「赤坂プリンスホテル」開業。	住宅難。 全国に公娼五〇万人。 大卒者初任給が一万円に。 第一回東京日本国際見本市。 トヨペット・クラウン発表。 トランジスタ・ラジオ発売。
三一	一九五六	ホテル、占領軍から接収解除。 大阪・上六で新築の建て売りラブホテルが四〇〇万円。	売春防止法公布。 深夜喫茶取締条例。

三二	一九五七	東京の連れ込み旅館約六五〇軒。 旅館業法により「旅館営業の基準は、客室数五、和室床面積九㎡以上に制約、また善良なる風俗が害される文書、図画の掲示が禁止」。 民宿増加。	ソ連、人工衛星スプートニク一号打ち上げ。 国民宿舎第一号。 東京都の人口世界一（八五一万八六二二人）。 なべ底不況始まる。 大阪に日本初の煙草自販機。 百円硬貨、五千円札発行。
三三	一九五八	大阪・桜宮に『吉田御殿』開業（一室二六〇万円～で建設）。 大阪・キタに『パリ』開業（後『オレンジチップス』）。 千駄ヶ谷で鳩の森騒動が起き、連れ込み旅館排斥の気運高まる。渋谷経済懇談会が温泉マーク自粛を打ち出し、千駄ヶ谷一帯は文教地区に。 日本観光旅館連盟が連れ込み旅館を「時間単位で部屋を共にする、宿泊設備に比べ厨房設備が不備、付近の住民が明らかに連れ込みとみているもの」と規定。 （普通）旅館に団体向け客室七帖半登場。 「大阪グランドホテル」開業。 「ホテルテイト」「東京会館」に合併。	売春防止法施行。赤線が消滅し、全国で三万九〇〇〇軒、一二万人が廃業する。 東京タワー完成。 特急「こだま」運転開始。 テレビ受信契約者約一〇〇万突破。 東京の電話五〇万台。 米、人工衛星エクスプローラ一号打ち上げ。 フラフープ、八ミリ映写機人気。 一万円札発行。

		後のアイネグループ会長小山氏、東京・新宿に「みくに荘」開業（仕切りが付いた個室型五〇円旅館。定員一七四人。連日満室）。 シティホテル業務の機械化始まる。	
三四	一九五九	「銀座日航ホテル」、横浜「シルクホテル」開業。	風俗取締法改正。 旅行ブーム。 岩戸景気。 皇太子御成婚のためテレビ受像機が爆発的な売れ行き。 日産【ダットサンブルーバード】発売、マイカー時代のきざし。
三五	一九六〇	名古屋に電動ベッド【ヘルス】登場、四年後ごろから普及する。 東京・原宿『あさひ荘』別館落成。各室離れ式バス。トイレ、テレビ、電話付（泊り一〇〇〇円～、休憩五〇〇円～）。 東京・錦糸町『かぎや』開業（最高の設備、優雅な情緒、明朗会計、温泉地名の部屋、ムードを醸す人魚風呂、バス、トイレ、冷暖房完備）。 東京・渋谷『旅荘まつ』昼間に限り時間制限なしの特別料金（三〇〇円）実施。広告住所	謝国権『性生活の知恵』がベストセラーに。 カラーテレビ本放送開始。電気冷蔵庫普及。 航空客、国内一〇〇万人・国際一〇万人突破。 丸の内に初の地下駐車場開設。 安保闘争激化。 ダッコちゃん人形大流行。 インスタントラーメン、インスタントコーヒー発売。

		が「渋谷駅より五分道玄坂上右側トルコ風呂前」。 東京・池袋『一寿』池袋で一番安い料金が売り（大衆料金、一室二人様迄、休憩三時間二〇〇円、宿泊・本館三〇〇円、別館四五〇円）。 東京の連れ込み旅館約二七〇〇軒。 東京オリンピックをあてこみ、連れ込み旅館の新・改築ラッシュ始まる。 普通旅館、大浴場の改革（ジャングル風呂・岩風呂登場）。 「ホテルニュージャパン」「銀座東急ホテル」開業。	
三六	一九六一	第一次「ホテル」ブーム。 大阪府ホテル協会設立（加盟会員ホテル七四軒）。 「京都国際ホテル」「パレスホテル」開業。 赤坂にレストランシアター【ミカド】開店。 大阪・桜宮『銀橋ホテル』電気冷蔵庫新装備。	シームレスストッキング流行。 ソ連、人間衛星船ボストーク一号（ガガーリン少佐）。 米、ケネディ大統領就任。ベルリンの壁構築。 スキー客一〇〇万人・登山者二二四万人（レジャーブーム始まる）。 アンネ・ナプキン新発売。
三七	一九六二	大阪・桜ノ宮に『有明』開業（後・陽気なこびと）。	TV受信契約者約一〇〇〇万突破。 パンマ登場。

		「横浜東急ホテル」「ホテルオークラ」「広島グランドホテル」開業。	米、初の人間衛星フレンドシップ七号（グレン中佐）。 東京、一〇〇〇万人を突破（世界最初の一〇〇〇万都市）。 外国人入国者、二〇万人に。 首都高速道路一号線開通。 ピンク映画第一号大蔵映画「肉体の門」上映。 コカ・コーラ発売。 ツイスト大流行。
三八	一九六三	『モテル北陸』が石川県加賀市郊外に開業（総工費約一億円）。 「東京ヒルトンホテル」開業（米国式ホテル経営の導入）。 後のアイネグループ会長小山氏、「みくに荘新館」開業。	米、ケネディ大統領がダラスで暗殺される。 観光道路の幕明け（富士スバルライン、やまなみハイウェイ）など。 自動販売機・歩道橋登場。 名神高速道路一部開通。 ボウリングが人気。
三九	一九六四	ラブホテルの建設ラッシュが全国的に始まる。 大阪・天王寺に『なにわ御殿』開業（後・イットイン）。 ラブホテルにカラーTV、大人のおもちゃ登場。 「ホテルニューオータニ」「東京プリンスホテ	新潟大地震。 東海道新幹線開通。 国鉄バス、名神高速線名古屋～神戸開業。 東京オリンピック開催。 九州横断道路開通。 レンタカー出現。

		ル」「羽田東急ホテル」「新阪急ホテル」開業。 旅館客室係不足時代。	風俗取締法改正。 深夜喫茶消える。 東京モノレール開業。 海外旅行自由化。 低利な開銀融資。
四〇	一九六五	地方中枢都市でビジネスホテル増加。	名神高速道路全面開通。 生活水準の急上昇。洋風化。 【11PM】放送開始。
四一	一九六六	ラブホテルに冷暖房普及。 埼玉にアイネグループ1号店『レジャーハウス美松』開業。 シティホテルのレストランシアターオープン。 温泉地外の大型リゾートホテル登場。「鴨川グランドホテル」「伊良湖ビューホテル」。 シティホテルの年末年始のパック販売競争激化。 「帝国ホテル」コンピュータ導入。 旅館の駐車場難深刻化。	人口一億人突破。 週休二日制増加。余暇時間増加。 マイカー元年（マイカーによる家族旅行増加）。 レンタカー事業始まる（大手メーカートヨタ、日産）。 新3C時代（カラーテレビ、カー、クーラー）。 日ソ航空協定調印。 祝日法改正（敬老の日・体育の日・建国記念の日）。 ザ・ビートルズ来日公演。
四二	一九六七	全国にモーテル約一〇〇〇軒（ワンルームワンガレージ式モーテルがブームに）。	第三次中東戦争。 ヨーロッパ共同体（EC）発足。

		ラブホテルにガラス張りの部屋登場。／コンドーム自販機が部屋に設置される。／ピンク映画を客室に常時流すサービスを開始。 回転する変形ベッドが神戸のラブホテルに登場。	東南アジア諸国連合（ＡＳＥＡＮ）設立。 自動車保有数一〇〇〇万台突破。 ミニスカート流行。
四二～四三	一九六七～六八	（株）東京マツシマ、ラブホテルにカネボウの男性化粧品「ダンディ」三点セットを納入開始。	マンション、住宅需要ブーム（ニュータウン開発）。
四三	一九六八	ラブホテルのデラックス化始まる。 横浜にカップル専用モーテル『モテル京浜』開業。 大阪・桜ノ宮に『キングダム』開業（巨大地球儀ネオンが付けられた）。	横浜市の人口二〇〇万人を突破（全国第三位）。 東大紛争／成田空港闘争。 国民総生産（ＧＮＰ）一二四八億ドル（世界第二位）。
四四	一九六九	ラブホテルの呼称の由来と噂されている『ホテル・ラブ』が東大阪市に開業。 大阪・阿倍野に『あべの御苑』開業（後『ＴＡＮＴＡＮ』）。 「ホテルプラザ大阪」で最初の高層ビル開業。	三億円事件／昭和元禄／プラハの春。 日本初のレトルト食品【ボンカレー】発売。 東名高速道路全線開通。 パンマ全盛。 川崎のトルコで泡踊り。 大人のおもちゃ店全国に一五〇〇軒。 人気深夜番組【11ＰＭ】放送開始。

四五	一九七〇	シティホテルの大型化。 都市（普通）旅館減少へ。 アイネグループが「大丸旅館」を売却し、埼玉に『ホテルローヤル』開業。 第二次「ホテル」ブーム。 第二次ラブホテルブーム。 全国にモーテル約三〇〇〇軒。 大阪のラブホテルに、自己録、サラダボールバス、人間洗濯機が登場。 旅館業法施行令が改正され、「出入り口及び窓はカギをかけることのできるもの」「玄関に帳場を設け必ず面談する事、但し、モーテルについては、入り口または宿泊者が必ず通過する通路に面して設けてもよい」となった。 大阪・枚方に『ニューアマゾン』開業。 大阪・キタに『69』開業。 万国博によるシティ・ビジネスホテル・旅館建築ブーム。 シティ・ビジネスホテルのチェーン化進む（サンルート、東急ホテルチェーン）。	米アポロ一一号が有人月面着陸。 いざなぎ景気／クレジットカード利用者急増。 大阪万国博覧会開催。 招待旅行全盛時代。 家族旅行盛んに。 日活ロマンポルノ第一作『団地妻昼下りの情事』。 光化学スモッグ。 歩行者天国。
四六	一九七一	全国のモーテル五四〇一軒（警視庁調べ）。 静岡・沼津『アイネ』一号店開業（アイネグ	カラーTV一〇〇〇万台突破。 アンアン・ノンノ族出現。

		ループ)。 カップヌードルが登場し、ラブホテルの常備食品に。 自画録ビデオ、ミラーの間、回転ベッド、電気ポッドが登場。大阪・十三東『光城』開業(全室和室)。 岐阜でモーテル反対運動。 ペンション、ヤングイン登場。 シティホテル、超高層化時代へ。 「京王プラザホテル」「ホテルパシフィック東京」開業。 シティホテルの国際化(オークラ、東急、プリンス第一、海外進出)。	沖縄返還。 マクドナルド一号店/ミスタードーナツ一号店。 多摩ニュータウンの入居始まる。 環境庁発足。 コンピュータ本格導入。
四七	一九七二	モーテル規制法により、一ルーム一ガレージの禁止。 全国のモーテル六〇〇〇件突破。 ラブホテルにカラオケ登場。 全日本ビジネスホテル協会発足。	札幌オリンピック冬季オリンピック開催。 山陽新幹線、岡山まで開通。 日中国交正常化。 沖縄、日本復帰。 ピンサロ流行。 海外旅行者一三九万人。 上野動物園でパンダ初公開。 土地ブーム、競馬ブーム到来。

四八	一九七三	東京・目黒に『目黒エンペラー』開業（西洋の古城風外観で話題に。月商四〇〇〇万円を記録）。 東京・五反田に『ホテル有馬』開業（広告コピーは「豪華欧風…憩の殿堂！」）。 東京・赤坂に『ホテルシャンティ赤坂』開業（人間洗濯機、ジャングル密室、源氏、徳川、大奥、平安、ロンドンの間、ビデオルームなど趣向を凝らした和洋五〇余室）。 ラブホテルに客室選択パネル登場。 （社）日本自動車旅行ホテル協会設立。 航空会社も「ホテル」経営に進出。	オイルショック。 振り替え休日実施／ユックリズム。 第四次中東戦争。
四九	一九七四	静岡・御殿場『東京アイネ』開業（アイネグループ）。 成田空港にホテル続出。 「札幌全日空ホテル」「ホテルニューオータニタワー」開業。	国土利用計画法発布／国土庁設置。 戦後初のマイナス成長／狂乱物価。 日中航空協定調印。 本番ピンサロ出現。 日航、全日空、国内便で大型機就航。 初のジャンボ機就航。
五〇	一九七五	大阪・十三に『豊中エンペラー』開業。 大阪・十三に『英国屋』開業。 大阪のラブホテル、宿泊客管理のためにコンピュータを導入。	山陽新幹線、岡山〜博多開通（東京〜博多全通）。 ベトナム戦争終結。 第一回主要先進国首脳会議（サミット）開

		沖縄にシティ・リゾートホテル開業続出（本土資本ホテル進出）。	催。 長崎空港開港。 文化財保護法改正公布（町並み保存など）。 大卒者の初任給七万円台に。
五一	一九七六	（株）三信、ラブホテルに都内初のコンピュータ。 ラブホテルにセクシャル・グッズ登場。 静岡・沼津に『沼津アイネ』開業（アイネグループ）。 地方都市ホテル各地に誕生。競合激化。 普通旅館のパブリック革命（お祭り広場、百万石）。	中国、周恩来死去／毛沢東死去。 ロッキード事件。 建築基準法改正公布（中高層ビルによる低層住宅の日照侵害規制など）。 和・洋式便器の需要並ぶ（東陶機器）。 自動車保有数三〇〇〇万台突破。
五二	一九七七	ラブホテルに世界各国の名前をつけた部屋、落書き帳登場。 （普通）旅館、中小宴会場必然性高まる（料亭街現れる。カラオケ人気）。	平均寿命が世界一に（男性七二・六九歳、女性七七・九五歳）。 カラオケがスナック・バーで流行。
五三	一九七八	ラブホテルにピンクチェア、スケベ椅子が置かれ始める。 静岡・沼津に『大宮アイネ』開業（アイネグループ）。 近畿ホテル旅館協同組合設立。 シティホテルに和洋部分誕生（客室、和風レ	新東京国際空港（成田）開港。 日中平和友好条約調印。 郊外レストラン盛況。

		ストラン）。 普通旅館、純和室志向強まる。／旅館料理に関心強まる。	
五四	一九七九	第三次ラブホテルブーム。 サウナのある部屋が続々登場。 ラブホテルに落書き帳を置くのが大流行。 東京・吉祥寺『パルコ』開業（大理石、サウナバス設置。開店披露記念で、宝くじ進呈・冷蔵庫内無料サービス）。 東京・六本木にＳＭ専門ホテル『アルファ・イン』開業。	国鉄、リニアモーターカー時速五一四キロを記録。 第二次オイルショック。 米のスリーマイルで原発事故。 ソ連、アフガニスタン侵略。 ディスコ、インベーダーゲーム流行。 日本電気がパソコンＰＣ八〇〇一を発売し、パソコンブームのきっかけ作り。
五五	一九八〇	名古屋ホテル保安協会設立、その後五九年、名古屋ホテル旅館協同組合に。 ラブホテルの外観、内装がシンプル化の傾向を見せ始める。 静岡・沼津『ホテルハイハイ』開業（アイネグループ）。 大阪・桜宮に『桜宮エンペラー』開業（スワッピングルーム完備）。 小田急「ホテルセンチュリーハイアット」開業。	イラン・イラク戦争。 マントルブーム（四五分で二万円）。 大卒者の初任給一〇万円突破。 都銀六行が現金自動支払機のオンライン化。
五六	一九八一	ＳＭルーム、スワッピングルーム流行。	神戸ポートアイランド博覧会（ポートピ

		大阪府下のラブホテル六八九軒（六月調査）。 新宿歌舞伎町ラブホテル連続殺人事件。 会津若松でVTRテープリーク騒動。 『季刊レジャーホテル』創刊。 シティホテル、中央自動制御による省エネ／磁気カードロック。	ア'81）。 ノーパン喫茶流行。
五七	一九八二	ラブホテルにテレビゲーム、シェルバス登場。／過当競争からサービスタイム制度導入。 埼玉・大宮に『ホテルパレス』開業（アイネグループ）。 静岡・御殿場『東京アイネ』新館開業（アイネグループ）。 大阪・桜宮に『シャンティPARTⅡ』『ロンシャン』開業、『桜宮エンペラー』と併せ、御三家といわれた。 静岡・御殿場『モア』全館均一料金設定。 「ホテル・ニュージャパン」火災。 裏本流行。	日航旅客機、羽田空港前の海面に墜落（二四人死亡）。 五百円硬貨発行。 東北新幹線（大宮～盛岡）／上越新幹線（大宮～新潟）。 電電公社、初のテレホンカード使用の公衆電話を開設。 のぞき劇場、ホテトル登場。
五八	一九八三	シティホテル、コンピュータ導入一般化。 新宿ラブホテル殺人事件捜査本部解散。 渋谷のホテル『一城』で従業員二人殺される。 ラブホテルに日焼けマシン登場。	女性用避妊シート【マイルーラ】発売。

五九	一九八四	大阪・京橋に『ザ・リッチ』開業。 大阪・桜宮地区のホテル数二九軒（一〇月調査）。 大阪・天王寺に『イットイン』開業。 大阪・守口に『ビッグエンペラー』開業。 兵庫・北六甲に『アイアン・パートⅡ』開業。 大阪・難波『アフロス』にシースルーエレベーター登場。 ファッションホテルという呼称登場。 名神京都南ＩＣに『パリオ&ラフォーレ』、大阪・生玉に『ベルデベル』開業し、アミューズメント・ホテルが隆盛に。 埼玉・行田に『ホテル行田アイネ』開業（アイネグループ）。 大阪・泉大津に『もしもしピエロ』開業（フランス料理をサービス）。 大阪・十三に『エクセレンス』開業（十三の代表的ホテル、三一室）。 兵庫・神戸に『水色の詩（うた）』開業（ワンルーム三槽のバスをつけた）。 兵庫・花隈に『１９８５』開業（業界初の全室フローリング張り）。	東京ディズニーランド開業。 任天堂、ファミリーコンピュータ発売。 【トルコ風呂】の名称を改める運動が起こる。 平均寿命が男女共に世界一となる（男性七四・二歳、女性七九・四八歳）。

六〇	一九八五	レーザーカラオケ登場。ラブホテルで人気。 （株）アイネシステム設立。 ラブホテル乱立の結果、リピート客ねらいの値引きサービスカードが常識化。 シティホテル、CATV導入。／OA機器の整備。 新風俗営業取締法施行、回転ベッド、鏡張り、浴室の透明ガラスなどの扇情的な仕掛けや装置が禁止に。 自動精算システム、フロントロボット登場。 静岡・沼津に『ホテルアイネイン』開業（アイネグループ）。 埼玉・笹目橋際に『ニューマイアミ』開業（コピーは「都心を離れた奥座敷…憩いと安らぎのオアシス誕生!!!貴女を夢の世界へ誘う…画期的最新装置」）。 大阪・豊中に『XL』開業（三基のエレベーターのうち一基は身障者用）。 「新阪急ホテル」「都ホテル大阪」「ホテルメトロポリタン」開業。 大阪・長柄橋に『リバーサイドホテル』開業（屋外プール付）。	新幹線、上野～大宮開通。 科学万博つくば'85開幕。 横浜そごう開店（面積日本一）。 日航ボーイング747ジャンボ機が群馬県山中に墜落（五二〇人死亡、四人が奇跡の生還）。 金融緩和。 テレクラ登場。 阪神タイガース、二一年ぶりに優勝。 ファミリーコンピュータ（ファミコン）流行。 エイズの恐怖、世界をめぐる。 関越自動車道、東京～新潟全通。

六一	一九八六	中級ホテル・ビジネスホテルの新規出店。 綜合ユニコムより『季刊レジャーホテル経営』発刊。 奈良・大和郡山に『ペリオ・カーサ・シェトワ』開業（一泊三〇万円の部屋が話題に）。 大阪・茨木『スイング』にエアロスパ初登場。 大阪・難波『モダンエイジ』に3D立体画面のビデオ登場。 大阪・枚方『ファンシーサーカス』が平日オール休憩料金OKに。 大阪・桜宮『シャンティ・パートⅡ』が料金大幅値下げ、最高泊まりで九〇〇〇円。 大阪・池田『ファースト』開店一カ月で値下げ断行。 東京・池袋に『パルサ桃山』開業（コピーは「貴女と貴方を夢の世界へ誘う豪華最新設備の数々…」。全館均一料金設定）。	円相場急騰（一ドル＝一九一円）。 全日本空輸、国際定期運航開始（グアム線、ロサンゼルス線、ワシントン線）。 米、スペースシャトル・チャレンジャーが打ち上げ七二秒後に爆発。 ソ連、チェルノブイリで原発事故。 海外へ修学旅行をする高校が急増。
六二	一九八七	東京・渋谷に『P&A PLAZA』開業。 ラブホテルに電子レンジ導入が一般化し、レトルト食品を発売。 大阪・高槻『北国』に業界初エスカレーターが設置。	超低金利時代。 日本航空、純民間会社として発足。 東北自動車道と首都高速自動車道連結（青森～熊本二〇〇二キロ完通）。 ブラック・マンデー。

		滋賀・草津『プリンス』にポイントカード登場。 大阪・池田『マキシム』料金値下げ。毎日二人に抽選で五〇〇〇円プレゼント。	世界の人口、五〇億人を突破。
六三	一九八八	一世を風靡した東京・目黒『目黒エンペラー』売却。 アイネグループがラブホテルの全国展開スタート。 大阪・難波『USなんば』部屋数日本一更新↓一四階、九四室（プールのある部屋一一室）	円相場、一ドル＝一二〇円四五銭を記録（戦後最高）。 青函トンネル開通／JR四国の本四備讃線茶屋街〜宇津田開業。 イラン・イラク戦争、八年ぶりに停戦。 地方博覧会ラッシュ。 地球環境問題の深刻化。 消費税導入。
六四 平成元	一九八九	大阪・桜宮『シャンティ・パートII』がスーパー銭湯「薬師乃湯」として再生。 コンビニBOX登場。 大阪で『シャルルペローの白いチャペル』が大ヒット。 大阪・桜宮『オオクラ』、天満『ゴールド』廃業。 兵庫・神戸に『北野アイネ』『アイネイン神戸』開業（アイネグループ）。両店舗再建成功により、アイネグループ拡大路線へ。	日米経済構造協議開始。 横浜ベイブリッジ開通。 中国、天安門事件。 長期高度成長（神武景気、岩戸景気を抜く）。 少子化、出生一二四万六七九六人（史上最少）。 外国人労働者急増。 東西冷戦終結。

二	一九九〇	大阪・生玉『伯爵』→『グリーンゲイブルス』として開業。 大阪・キタ『パリ』→『オレンジチップス』として開業。 関西のホテル街ラブホテル軒数、桜ノ宮（二二軒）、十三（二五軒）、生玉（二六軒）、京都南インター（一九軒）。	ベルリンの壁崩壊。 米ソ首脳会談（ヤルタ体制の終焉）。 イラク、クウェート侵略。 両ドイツ、経済統合。
三	一九九一	景観をめぐり紛争中の「京都ホテル」着工。	ソ連、崩壊。 湾岸戦争。 東欧諸国、共産党の退潮。
四	一九九二	ラブホテルに大人のおもちゃ入りコンビニBOX登場。 大阪・泉大津市に一五〇〇円の激安サービスタイム登場。 兵庫・姫路『アイアン』の駐車場に、宣伝用のハシゴ消防車登場。	バブル経済崩壊。 景気テコ入れ、公定歩合引き下げ。 映倫が審査基準を緩和（原則としてヘア解禁）。 山形新幹線開業、東京～山形間二時間半。 バルセロナオリンピック開催。 毛利衛さんスペースシャトル「エンデバー」で宇宙へ。 学校週五日制導入。 暴力団対策法施行。

五	一九九三	ラブホテルに通信カラオケ導入。 大阪市内のシティホテル平均稼働率六五パーセントに低下（前年より一〇パーセントダウン）。 ラブホテル連続三〇カ月不況。郊外型ラブホテル二〇パーセント売り上げ減。都心型一〇パーセント減。 人気ホテル『USさやか』（京都・祇園）でも全館二〇パーセント引き実施。 大阪・桜宮『白雪』廃業→マンションに。	にっかつ倒産。 ブルセラショップ話題に。 レインボーブリッジ開通。 Jリーグ開幕。
六	一九九四	埼玉・岩槻ICに『ウォーターホテルMw』開業（口コミで話題となり、行列ができる）。 大阪・枚方『チャペルココナッツ』開業（口コミで話題となり、行列ができる）。 ホテルのエレベーター内に監視カメラ登場。 大阪・生玉『リトルチャペルココナッツ』開業。 『ぴあ関西版』に「夜遊びスポット」としてラブホテル情報が掲載される。	バブル期のツケが多分野で表面化。 関西国際空港開港。 松本サリン事件。河野義行さんに疑いをかけたマスコミが一斉に報道。 ユーロ・トンネル開通。全長約五〇キロ。 向井千秋さんがスペース・シャトルで宇宙へ。日本人初の女性宇宙飛行士。 プレイステーション発売。
七	一九九五	大阪『リトルチャペルココナッツ』正月も休憩一九九〇円均一で開放。 『ぴあ関西版』に「行列のできる♡ホテル」特集掲載。	阪神大震災。 地下鉄サリン事件。

		地震の影響で、神戸、宝塚、阪神間のホテルはほぼ全壊。	
八	一九九六	兵庫・尼崎に『カリブの海』開業。 埼玉・岩槻ＩＣに『ウォーターホテルＭｗ』開業。 埼玉・行田に『アイネ行田』開業（アイネグループ）。	携帯電話、インターネット流行。 女子高生ブーム。ルーズソックス、プリクラ流行。 援助交際が話題に。 ＮＩＮＴＥＮＤＯ64発売。 若田光一さんを乗せたスペースシャトル・エンデバー打ち上げ。 アトランタオリンピック開催。
九	一九九七	『ＴＯＫＹＯ1週間』創刊（大々的に「ラブホ特集」を展開）。 東京・渋谷に『ホテルＡＲＴ』開業。 大阪・日本橋に『リトルチャペルクリスマス』開業。	消費税五％に引き上げ。 秋田新幹線【こまち】開業（東京〜秋田間三時間四九分）。／山陽新幹線新大阪―博多間で五〇〇系【のぞみ】が運転開始（駅間の平均速度二六一・八キロは世界最速）。／長野新幹線開業。 ニューヨーク株式市場五五四ドル安。史上最大の下げ幅。ブラックマンデー。 日本人宇宙飛行士の土井が、スペース・シャトルで宇宙遊泳。

一〇	一九九八	『KANSAI1週間』創刊（大々的に「ラブホ特集」を展開）。 東京・池袋に『エアーズ・ロック』開業。 愛知・豊川に『ベル・ラトゥール』開業。 大阪・難波に『ホテル・ユーズアネックス』開業。 東京のレジャーホテルで、経営苦の社長三人が自殺。 新築でも四時間四八〇〇円のサービスタイムでスタートするなど（兵庫・北区）、各地でラブホテルの価格破壊が起きる。	離婚件数二二万組（過去最高）。 ウィークリーマンション大増殖。 和歌山カレー事件。 経営不振のラブホテルが賃貸ホテルに変わっていく。
一一	一九九九	風営法一六回目の改正。	山形新幹線の山形〜新庄間開業。
一二	二〇〇〇	シティホテルがデイユースプランを取り入れる。	スペースシャトル・エンデバー打ち上げ。 毛利衛が二度目の宇宙飛行。 プレイステーション2発売。 シドニーオリンピック開催。 スペースシャトル・ディスカバリー打ち上げ。若田光一が二度目の宇宙飛行。 都営地下鉄大江戸線が全線開通。
一三	二〇〇一		インターネットカフェ登場。 狂牛病。 ユニバーサル・スタジオ・ジャパン（US

			J）開業。 東京ディズニーシー開業。
一四	二〇〇二		東北新幹線の盛岡〜八戸間開業。
一五	二〇〇三	ラブホテル専門の広告代理店ができる。	スペースシャトル・コロンビア号が大気圏再突入時に空中分解、搭乗員七人全員死亡。
一六	二〇〇四		九州新幹線開業。 成田空港民営化。 帝都高速度交通営団（営団地下鉄）が民営化、東京メトロ。 アテネオリンピック開催。
一七	二〇〇五	貸切温泉増加。	生活保護世帯が一〇〇万世帯超え。一九五〇年の制度発足以来初。 H‐2Aロケット七号機打ち上げ成功。 個人情報保護法全面施行。
一八	二〇〇六		ネットカフェ難民。
一九	二〇〇七		月探査衛星【かぐや】打ち上げ。
二〇	二〇〇八	神戸市内の禁止地域でラブホテル営業を行っていた関係者らが書類送検される→この後全国的に「偽装ホテル問題」が騒がれる。	「アラフォー」が流行語に。 北京オリンピック開催。 リーマン・ブラザーズが経営破綻。
二一	二〇〇九		第四四代米大統領にバラク・オバマが就任。

			米史上初の黒人大統領。 忌野清志郎さん（ロック歌手）死去（享年五八歳）。 エコポイント制度スタート。 スズキとフォルクスワーゲンが業務資本提携で合意。世界最大の自動車グループに。
二二	二〇一〇	埼玉・越谷に『W』開業（カップル利用以外に一六種類のプランを提案）。	アラブ首長国連邦（UAE）のドバイに世界一高層のビルが完成（高さ八二八メートル）。 金星探査機【あかつき】を載せたH2A打ち上げ成功。 小惑星探査機【はやぶさ】が小惑星イトカワから帰還。 一五年ぶりの円高。一時一ドル＝八二円台。 東北新幹線全線開通。東京～新青森間七一三・七キロが最短三時間二〇分。
二三	二〇一一	風営法施行令改正。旅館業許可だけで営業していたホテルが風営法の適用店舗となる。	間寛平さんが「アースマラソン」を完走、ゴール。 東日本大震災。 九州新幹線【つばめ】、博多～鹿児島中央間二五七キロが全線開業。 ソフトバンクの孫正義社長、東日本大震災

二四	二〇一二		に対して個人で一〇〇億円を寄付。以降の役員報酬も全額も寄付。 スティーブ・ジョブズさん（アップル創業者）死去。 日本人の人口が一九七〇年以降で初めて減少。／世界の人口が七〇億人に到達　国連人口基金（ＵＮＦＰＡ）調査。 東京スカイツリー開業。 ロンドンオリンピック開催。

注（１）男女の同伴客が主である宿（ラブホテル・モーテル・連れ込み宿など）は『　』で表した。
（２）シティホテル、ビジネスホテル、普通旅館などは「　」で表した。
（３）すべてのホテルの開業や廃業ではなく、業界や世間に影響を及ぼしたと考えられるホテルを抽出した。
（４）一九五〇（昭和二五）年以降のシティホテルは『日本ホテル年鑑』より、日本ホテル協会に加盟し、客室数二〇〇室前後以上の主なホテルのみ記入した。

事項索引

※「ラブホテル」は頻出するため省略した。

あ 行

か 行

さ 行

た 行

は 行

ま 行

ら 行

人名索引

あ 行

か 行

さ 行

た 行

な 行

は・や・わ行

《著者紹介》

金　益見（きむ・いっきょん）

1979年　大阪府生まれ。在日コリアン3世。
　　　　神戸学院大学大学院人間文化学研究科地域文化論専攻博士後期課程修了。
現　在　神戸学院大学非常勤講師，大手前大学非常勤講師。
著　書　『ラブホテル進化論』文藝春秋，2008年〈第18回橋本峰雄賞受賞〉。
　　　　『サブカルで読むセクシュアリティ――欲望を加速させる装置と流通』共著，青弓社，2010年。
　　　　『恋愛のアーキテクチャ』共著，青弓社，2012年，ほか。

性愛空間の文化史
――「連れ込み宿」から「ラブホ」まで――

2012年 9 月30日　初版第 1 刷発行　〈検印廃止〉

定価はカバーに
表示しています

著　者　金　益見
発行者　杉田啓三
印刷者　坂本喜杏

発行所　株式会社　ミネルヴァ書房
607-8494　京都市山科区日ノ岡堤谷町1
電話代表　(075)581-5191番
振替口座　01020-0-8076番

冨山房インターナショナル・兼文堂

ISBN 978-4-623-06410-6
Printed in Japan

書名	著者	判型・頁・価格
女子マネージャーの誕生とメディア	高井昌吏著	四六判二〇四頁 本体二二〇〇円
いま、働くということ	橘木俊詔著	四六判二〇四頁 本体二二〇〇円
「東京」に出る若者たち	石黒格他著	四六判二九二頁 本体三〇〇〇円
マクドナルド化と日本	G・リッツア編著	四六判三四〇頁 本体三五〇〇円
大衆文化とメディア	丸山哲央編著	A5判四二〇頁 本体三八〇〇円
ポスト韓流のメディア社会学	吉見俊哉 責任編集 土屋礼子	四六判三三二頁 本体四〇〇〇円
衰退するジャーナリズム	石田佐恵子 木村幹編著 山中千恵	四六判三三一頁 本体二八〇〇円
古典読むべし歴史知るべし	福永勝也著	四六判三三〇頁 本体三〇〇〇円
ミネルヴァ日本評伝選	宮一穂著	A5変一八四頁 本体二一〇〇円
三島由紀夫――豊饒の海へ注ぐ	島内景二著	四六判四〇〇頁 本体三〇〇〇円
吉田 正――誰よりも君を愛す	金子勇著	四六判三七六頁 本体三〇〇〇円
力道山――人生は体当たり、ぶつかるだけだ	岡村正史著	四六判三二四頁 本体二五〇〇円
福田恆存――人間は弱い	川久保剛著	四六判三三〇頁 本体三〇〇〇円

ミネルヴァ書房

http://www.minervashobo.co.jp/